Peter Gitzinger · Linus Höke · Roger Schmelzer

Das böse Buch zum 70.

Peter Gitzinger · Linus Höke · Roger Schmelzer

DAS BÖSE BUCH ZUM 70.

mit Illustrationen von Ari Plikat

Lappan

VORWORT

Glückwunsch – Sie sind jetzt vermutlich schon seit ein paar Jahren der Tretmühle Ihres Jobs entkommen und haben sich so langsam im Ruhestand **EINGEWÖHNT**. *Statistisch gesehen geht es Ihnen so gut wie nie einer Rentnergeneration zuvor. Laut einer Untersuchung des Deutschen Zentrums für Altersfragen fühlen Sie sich genauso gesund wie irgendjemand, der gerade vierzig geworden ist. Ja, Sie sind beneidenswert fit. Aber was anfangen mit der vielen Zeit, die noch vor Ihnen liegt?*

Sich um die **ENKEL** *kümmern? Im Zeitalter der Helikoptereltern und der Frühförderung ist das nicht mehr so einfach. Sie müssen damit rechnen, von den dauerpräsenten jungen Eltern schlicht als Sicherheitsrisiko eingestuft zu werden, zumal Sie dem Nachwuchs weder die Grundlagen der chinesischen Sprache noch Kundalini-Yoga beibringen können.*

Oder **SPORT?** Machen Sie doch eh. Inzwischen sind Sie so gestählt und beweglich, dass Sie Ihr 30-jähriges Ich, das noch geraucht und sich einen feuchten Kehricht um seinen Body-Mass-Index gekümmert hat, locker in zwei Sätzen vom Platz fegen würden.
Bungee-Springen oder Kite-Surfen? Haben Sie schon vor 20 Jahren hinter sich gebracht, während Ihres zweiten Trips nach Neuseeland.
REISEN? Wohin denn noch? Der Globus, den Sie nach jedem Urlaub mit einem Fähnchen für das besuchte Land bestückt haben, sieht inzwischen aus wie ein überdimensionierter Käse-Igel.

Vielleicht ... **LESEN?** Ja, das wäre was! Eine sinnvolle Beschäftigung, die sowohl intellektuell als auch emotional anspricht und Sie auf Dauer ausfüllen könnte. Schon rein mathematisch, denn statistisch *gesehen liegen noch mindestens 16 Jahre vor Ihnen. Bei einem geschätzten Lesetempo von 50 Seiten am Tag macht das 292.000 Seiten. Das heißt, Sie könnten sich neunmal durch die Encyclopaedia Britannica arbeiten, 70-mal durch „Die Suche nach der verlorenen Zeit", 180-mal durch „Krieg und Frieden" – oder durch die Hälfte des Gesamtwerks von Stephen King.*

Anfangen aber könnten Sie mit diesem kleinen Buch. Es ist literarisch mindestens so gehaltvoll wie „Auf der Suche nach der verlorenen Zeit", dabei weniger verwirrend als „Krieg und Frieden", und die Menschen, die darin vorkommen, haben viel höhere Überlebenschancen als bei Stephen King.

Einfach nur umblättern, und schon sind Sie mittendrin. Willkommen zur besten Zeit Ihres Lebens!

INHALT

70

STRATEGIEN, WIE MAN MINDESTENS 100 WIRD

Super, Sie haben die 70 geschafft. Noch vor ein paar Jahrzehnten hätte man gesagt: „So, jetzt ist aber bald mal Schluss." Doch heute ist 70 das neue 40 – ein paar Jahrzehnte mehr sollten für Sie also noch drin sein. Bei anderen klappt das ja auch, bei Johannes Heesters zum Beispiel oder der Aldabra-Riesenschildkröte (die wird sogar bis zu 250 Jahre alt*). Aber was ist das Geheimnis eines besonders hohen Alters? Wir sind dieser Frage nachgegangen.

Noch älter als die Riesenschildkröte wird der Grönlandhai, auch Eishai genannt, nämlich 400 Jahre – damit ist er das älteste Wirbeltier der Erde. Die Islandmuschel, die man überraschenderweise vor allem an den Küsten Islands findet, bringt es sogar auf 500 Jahre. Das Verbreitungsgebiet dieser Arten legt folgenden Schluss nahe: Sie sollten einen Umzug in die Nordpolarregion ins Auge fassen. Falls Ihnen Grönland oder Island aber doch zu weit sind, sollten Sie zumindest Ihren Lebensmittelpunkt verlegen – und

* Das ist jedoch nicht so beneidenswert, wie man vielleicht denkt – denn in der Wahrnehmung der Riesenschildkröte vergeht die Zeit auch entsprechend langsamer. Ein Kölner Tatort zum Beispiel braucht für diese bedauernswerten Tiere gefühlt fünf qualende Stunden bis zum vorhersehbaren Showdown. Da segnet man doch lieber schon mit 90 das Zeitliche, oder?

zwar ins Innere Ihres Kühlschranks. Oder Sie folgen direkt dem Beispiel der Islandmuschel und legen sich in vier Grad kaltes Wasser. Beispielsweise in Ihrer Badewanne. Dort sollten Sie sich – genau wie das Schalentier – so wenig wie möglich bewegen. Genug Ausdauer vorausgesetzt, sollten Sie so die 100-Jahre-Marke leicht erreichen können.

Der passionierte Amateur-Schiffskonstrukteur Noah hingegen begann überhaupt erst mit 500 Jahren, Kinder zu zeugen und war über 600, als die Sintflut einsetzte. Auch von dieser Erfolgsgeschichte sollten Sie sich inspirieren lassen: Offenbar sind sexuelle Enthaltsamkeit und stattdessen ein ausfüllendes handwerkliches Hobby hilfreich, wenn Sie ein hohes Alter anstreben.

Der älteste alleinstehende Baum der Welt ist vermutlich ein Exemplar der Pinus longaeva in Kalifornien. Er bringt es auf 5.000 Jahre – ein Zeichen dafür, dass der sprichwörtlich entspannte kalifornische Way of Life auch auf Sie lebensverlängernd wirken könnte.

Einziges Problem: Das normale Aufenthaltsvisum in den USA läuft schon nach sechs Monaten ab, und nicht erst nach 5000 Jahren. Langwierige Verhandlungen mit den US-Behörden sind also vorprogrammiert.

In Australien findet sich eine Buschsorte, die sogar bis zu 44.000 Jahre alt wird. Das Geheimnis: Die Pflanze selbst wird gar nicht so alt, aber sie klont sich immer wieder. Das sollte Ihnen ein Ansporn sein: Kaufen Sie sich einen Chemiebaukasten, und finden Sie heraus, wie Sie sich preiswert selbst absolut identisch reproduzieren können. Denn was ein gemeiner Busch kann, das können Sie doch wohl schon lange.

Die Actinobakterien leben unterirdisch im sibirischen Permafrost und gelten als die ältesten Lebewesen der Welt: Sie segnen erst nach 500.000 Jahren das Zeitliche. Gegen den Nuvvuagittuq-Grünsteingürtel an der Hudson Bay sind die Bakterien allerdings junge Hüpfer: Diese Felsen sind über vier Milliarden Jahre alt. Hier verdichtet sich die Vermutung, dass ein geruhsamer, bewegungsarmer Lebensstil hervorragende Voraussetzungen schafft, um ein stattliches

Alter zu erreichen. Warum sollten Sie das nicht auch können? Rumhängen und Däumchen drehen war doch eh schon immer Ihre Spezialität.

Ganz oben auf der Rekordliste in Sachen Langlebigkeit: das Universum. Das hat inzwischen 13,8 Milliarden Jahre auf dem Buckel.* Grundvoraussetzung für diese bisher einzigartige Leistung war allerdings die Herbeiführung eines Urknalls. Damit gehen eine Reihe von Problemen einher:

1. Sie brauchen dafür einen wirklich sehr, sehr guten Chemiebaukasten.

2. Die Erfahrung des Urknalls könnte Sie traumatisieren und für den Rest Ihres Lebens verfolgen. Und der wäre dann verdammt lang …

Die vielleicht eindrucksvollste Strategie, um das Altern zu vermeiden, verfolgt jedoch der Süßwasserpolyp: Er ersetzt einfach alle abgestorbenen Zellen. Das heißt: Wenn sie nicht gefressen werden, sterben die Polypen auch nicht. Außer vielleicht vor Verzweiflung. Nämlich dann, wenn sie sich fragen: „Oh Mann … morgen feiere ich meinen 1.568. Geburtstag. Was mache ich nur diesmal?“ Sie sehen: Auch Unsterblichkeit verursacht Probleme. Oder wie Woody Allen es ausgedrückt hat: „Die Ewigkeit dauert lange, vor allem gegen Ende.“

---

* Stand: Oktober 2023.

FINANZIELLE AUFWENDUNGEN 70-JÄHRIGER

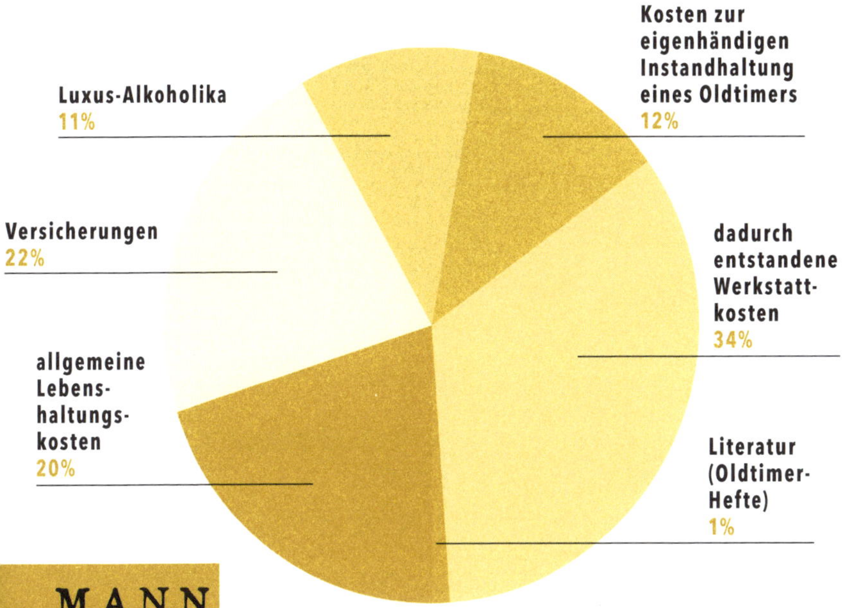

MANN

FRAU

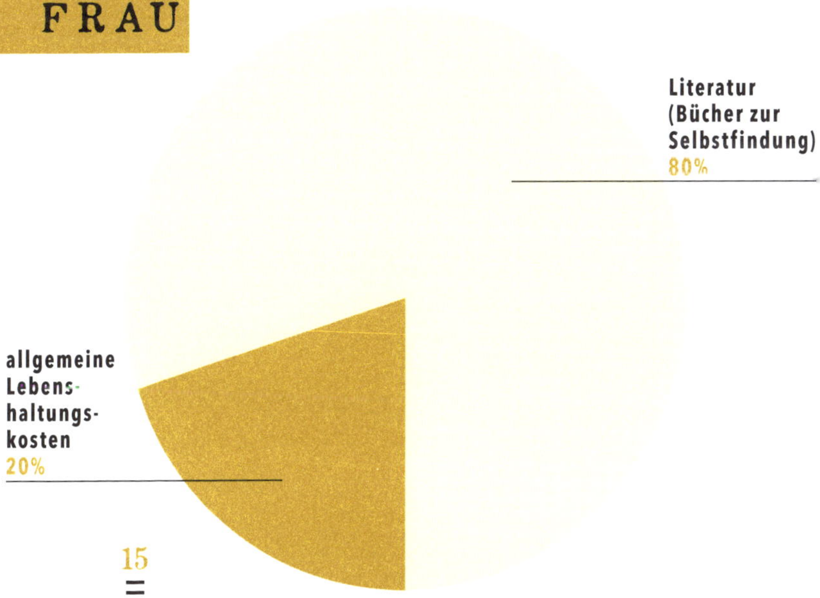

Unser Geschenk

AN DIE LESERINNEN UND LESER

Wir haben lange überlegt, mit welchem Geschenk wir unseren Leserinnen und Lesern zu ihrem 70. Geburtstag eine Freude machen können. Dabei dachten wir unter anderem an ein lebenslanges Wohnrecht in der Top-Luxus-Suite des Burj-Al-Arab-Hotels, einen All-You-Can-Buy-Gutschein für alle Flagstores auf den Champs-Élysées und das original Bernsteinzimmer. Doch am Ende erschien uns dies alles zu profan, und so haben wir uns entschlossen, das zu verschenken, was uns am wertvollsten erschien: Lebensfreude durch Humor. Und dies in Form von 70 lustigen, vom Aussterben bedrohten Wörtern.

Herzlichen Glückwunsch und viel Spaß mit dem Geschenk!

Schwingtitte
Blubberblasen
Mops
Kichererbse
Lulatsch
Kokolores
Ursulapoppenricht
Kuhschwanzhalter
Rokokokommode
Wixhausen
Techtelmechtel
Darmstadt
Muckefuck
Warmschrumpfmuffe
Flutschmoppen
Titisee
Sauschwänzlebahn
Kaltschrumpfmuffe
Eyjafjallajökull
Titicacasee
Ratzefummel
Popocatepetl
Brimborium
schwuppdiwupp
chmackes
Hodenhagen
Firlefanz
Wuppdizität
Ulknudel
rammdösig
Rindfleischetikettierungsüberwachungs-
aufgabenübertragungsgesetz
Grottenolm
Lustmolch
Schwanzlurch
Klackerklüten
Rüsselsheim
Zehentrenner
Pomeranze
Transnistrien
verkasematuckeln
Mumpitz
Lumisch
Dschibuti
Pampelmuse
Russenei
Hagestolz
Wuchtbrumme
Hupfdohle
Dumpfbacke
Brüllwürfel
Wackeldackel
Schaluppe
Flatsch
ugl hupf
Nasenfahrrad
Bratwurstbratgerät
Purzelbaum
Fleischmütze
knödeln
Hollarididudeldö
Spritzhusten
Obatzter
Hängebauchschwein
habracke
Arschgeweih
Knut
Mupfel
Klunkerkranich
Pforzheim
Knollennase

BESONDERE ORTE, AN DENEN MAN SEINEN 70. FEIERN KANN

Immer mehr Menschen wollen ihre runden Geburtstage im Ausland feiern: auf einer Burg in Südtirol, in einem Baumhaus im kongolesischen Regenwald oder auf einer eigens für den Anlass gekauften Insel in der Karibik. Für alle, die ihren 70. in einer NOCH ausgefalleneren Gegend begehen wollen, haben wir diesen Tipp: Suchen Sie für Ihr Jubiläum einen Ort, der für die Feier Ihres 70. geradezu prädestiniert ist: der 70. Breitengrad Nord!

Der Pølvatn (Nord-Norwegen): 70°N, 22°63'33"E

Sie träumen von einer romantischen Feier in einer Hütte am See? Dann sind Sie hier genau richtig, denn der Pølvatn IST ein See, und romantischer geht es kaum. In Nordnorwegen wird es nämlich an maximal drei Tagen im Jahr hell, und der Pølvatn ist nicht an das regionale Stromnetz angeschlossen. Was bedeutet, dass Sie in Ihrer Hütte am See ganzjährig Kerzen aufstellen müssen. Wenn das nicht Romantik pur ist!

Vorteil: An heißen Tagen können Sie und Ihre Gäste sich im Pølvatn abkühlen.

Nachteil: Am Pølvatn gibt es keine heißen Tage.

Deadhorse (Alaska): 70°12'20"N, 148°30'42"W

Der ultimative Party-Hotspot für alle, die am liebsten in völliger Abgeschiedenheit feiern. Nomen est omen: In Deadhorse ist nicht nur der Hund, sondern auch das Pferd begraben. Die Kleinstadt in den Nordwest-Territorien Kanadas ist DER Geheimtipp für alle, die es gerne extrem ruhig mögen. Die einzigen Geräusche, die Sie hören werden, sind das Heulen eines einsamen Wolfes oder der heulende Motor eines einsamen Schneemobils. Und ab und an vielleicht der sanfte Widerhall einer Fracking-Sprengung.

Vorteil: Wenn Sie im Sommer Geburtstag haben, bleiben Ihre Getränke auch ohne Kühlgeräte problemlos kalt.

Nachteil: Wenn Sie im Winter Geburtstag haben, könnte es aufgrund des ortsüblichen Schneefalls passieren, dass Sie und Ihre Gäste die Rückreise erst im Frühling antreten können. Also etwa ab Mitte Juli.

Saqqaq (Grönland): 70°01'00"N, 51°57'00"W

Wenn Sie Ihre Gäste vor der Schmach bewahren wollen, dass sie in betrunkenem Zustand keinen Namen mehr richtig aussprechen können, dann sind Sie hier goldrichtig. Saqqaq ist eine grönländische Siedlung im Distrikt Julissat, an der Südküste der Halbinsel Nuussuaq, östlich der Insel Qeqertaq, am Fluss Sullorsuaq, nicht weit entfernt von den nächsten bewohnten Orten Qeqertaq und Ilulissat. Das Tolle daran: Diese Namen kann auch im nüchternen Zustand kein Mensch fehlerfrei aussprechen. Damit ist die Ehre Ihrer Gäste gerettet.

Vorteil: In Saqqaq gibt es das ganze Jahr über frischen Heilbutt, der in der Fischfabrik „Royal Greenland" verarbeitet wird.

Nachteil: In Saqqaq gibt es ausschließlich Heilbutt zu essen. Außerdem liegt die Fischfabrik direkt neben dem Wohngebiet, in dem Sie und Ihre Gäste feiern und übernachten werden. Daher empfiehlt sich die Mitnahme von Nasenklammern.

Eine schöne Alternative zum 70. Breitengrad Nord ist eine Party auf einem der beiden 70. Längengrade:

Fayzabad (Afghanistan): 70°61'34"E, 37°21'63"N

Fayzabad liegt in der Provinz Badakhshan am Hindukusch. Die durchschnittliche Lebenserwartung beträgt dort 47 Jahre. Siebzig zu werden ist hier so wahrscheinlich, wie einen Flagship-Store von Louis Vuitton zu entdecken. Aufgrund Ihres Alters werden die Einheimischen Sie als gottgleiches Wunderwesen verehren, auf einer Sänfte durch die Stadt tragen und mit Tonnen von Lapislazuli überschütten, die in dieser Gegend massenhaft vorkommen. Dadurch ist nicht nur Ihre Feier, sondern auch Ihr Ruhestand finanziell gesichert.

Vorteil: Ihre Feier wird sehr multikulturell sein. In Fayzabad leben unter anderem Tadschiken, Usbeken, Paschtunen und Turkmenen.

Nachteil: Tadschiken, Usbeken, Paschtunen und Turkmenen sind sich spinnefeind. Spätestens nach einer halben Stunde wird Ihre Feier in einem Tumult von Beschimpfungen und Prügeleien untergehen.

Mitú (Kolumbien), 70°23'36"W, 1°25'21"N

In Mitú steht Ihre Party unter dem Motto „In the Heat of the Night“ (#Mitú). Aus zwei Gründen: 1.) Mitú liegt in unmittelbarer Nähe zum Äquator. 2.) Der Ort wird nachts häufig von Kämpfern kolumbianischer Rebellentruppen überfallen. Wenn deren Soldaten auf Ihrer Feier erscheinen, fliegen wortwörtlich die Fetzen, und auch die englische Redewendung „gatecrashing a party“ nehmen die Rebellen wörtlich. Ihre Gäste werden von der authentisch kolumbianischen Atmosphäre begeistert sein. Versprochen!

Vorteil: Ihre Gäste werden keine Angst vor den Rebellen haben, denn Sie haben vorausschauend die Kokosflocken auf Ihrer Geburtstagstorte durch Kokain ersetzt.

Nachteil: Durch das Kokain angefeuert legen sich Ihre Gäste mit den Rebellen an. Die nehmen daraufhin auch die deutsche Redewendung „eine Party sprengen“ wörtlich.

Noch origineller: Sie feiern an einem Ort, der auf dem 70. Breitengrad UND dem 70. Längengrad liegt, zum Beispiel in:

Yar-Sale (dt. Sandiges Kap/Russland): 70°N, 70°E

Wenn Sie Ihrer Familie und Ihrem Freundeskreis etwas durch und durch Exotisches bieten wollen, dann sind Sie in der Stadt in Westsibirien genau richtig. Yar-Sale liegt östlich von Salekhard und ist das Verwaltungszentrum des Yamalsky-Distrikts, in dem von den Yamalo-Nenets bewohnten autonomen Okrug des Tyumen Oblast. Wenn das nicht exotisch klingt?! Und das Beste: Bürgermeister Dimitri Kalaschnikoff begrüßt Sie und Ihre Gäste in der der Diskothek „Karl Marx“ und verköstigt sie dort mit Bleiwurz-Wodka und Rentierbuletten.

Vorteil: Yar-Sale liegt inmitten eines riesigen Gasfelds. Die Stromversorgung ist also kein Problem.

Nachteil: Wenn einer Ihrer Gäste während der Party sagt: „Hier brennt die Luft!“, meint er das vermutlich genau so, wie er es sagt.

DINGE, MIT DENEN WIR UNSERE FREIZEIT VERBRINGEN

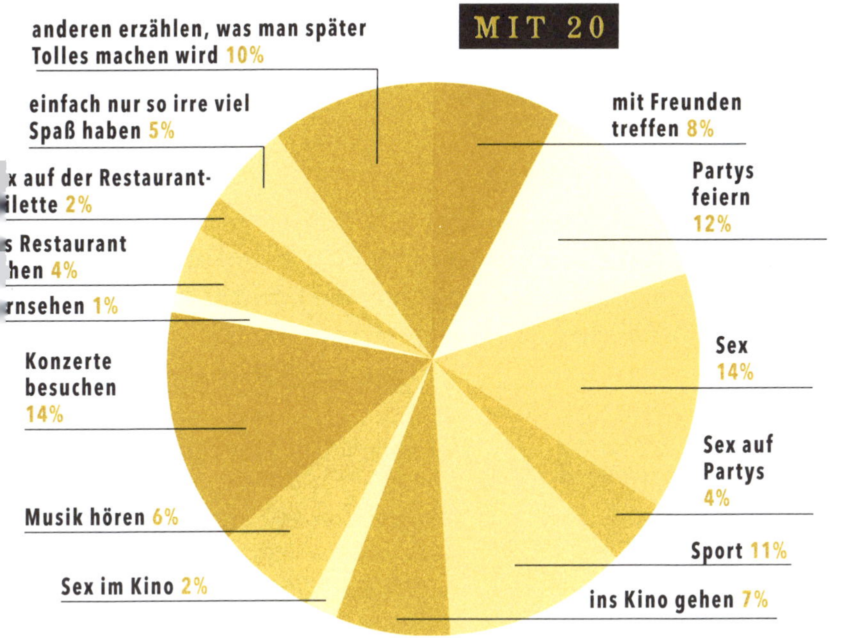

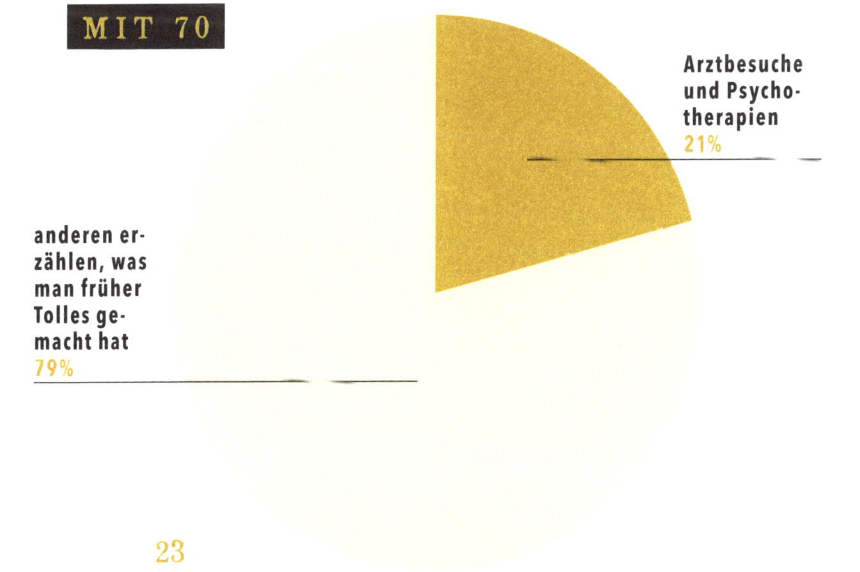

COOLE ALTE IM KINO

Seit einiger Zeit schon sind Menschen jenseits des Renteneintritts nicht mehr nur eine geduldete Minderheit. Nein – sie sind cool. Das zeigt sich auch an den Filmen, die über sie gedreht werden.

Wir sind die Neuen

Eine Handvoll cooler deutscher Rentner (darunter Gisela Schneeberger und Heiner Lauterbach) gründet eine Alters-WG, findet zu neuem Selbstbewusstsein und zeigt der Studenten-WG über ihnen mal, wo der Hammer hängt.

The Best Exotic Marigold Hotel

Eine Handvoll cooler britischer Rentner (darunter Judi Dench und Maggie Smith) eröffnet ein Altersheim in Indien, spart so jede Menge Heizkosten und zeigt einer Milliarde Indern mal, wo der Hammer hängt.

Downton Abbey

Maggie Smith als rüstige und coole Rentnerin zeigt sich als Königin der Intrige, imitiert meisterhaft die Kopfbewegungen eines Hühnergeiers und zeigt ihrer Familie mal, wo der Hammer hängt.

Pappa ante Portas

Loriot als rüstiger aber uncooler Rentner gibt sich mit dem Dasein im Ruhestand nicht zufrieden und versucht vergeblich, seiner Familie zu zeigen, wo der Hammer hängt.

Der Hundertjährige, der aus dem Fenster stieg und verschwand

Ein cooler Hundertjähriger will noch nicht zum alten Eisen gehören und zeigt der Drogenmafia, einer Bikergang und der schwedischen Polizei, wo der Hammer hängt. Die hätten gewarnt sein können, denn vorher hat er die hundert Jahre gut genutzt, um die Weltgeschichte entscheidend zu beeinflussen.

Space Cowboys

Mehrere coole Piloten im Rentenalter (James Garner, Donald Sutherland, Tommy Lee Jones und Clint Eastwood) zeigen einem auf die Erde zurasenden Kometen mal, wo der Hammer hängt, und beeinflussen die Geschichte der Welt entscheidend – indem sie sie retten.

Alle übrigen Filme mit Clint Eastwood, seit er 70 ist

Clint Eastwood guckt schlecht gelaunt, aber auf coole Art. Und er zeigt ALLEN mal, wo der Hammer hängt.

WAS 70-JÄHRIGE BEIM
BLICK IN DEN

Stirnfalten
Herabhängende Augenbrauen
Schlupflider
Einsinkende Augen
Tränensäcke
Wässrige Augen
Krähenfüße
Zu große Ohrläppchen
Haare in den Ohren
Rote Nase
Nasenhaare
Zu große Nasenspitze
Altersflecken
Warzen
Äderchen im Gesicht
Hängewangen
Pergamenthaut
Bartwuchs (Oberlippe)
Schlaffe Lippen
Nachlassendes Lippenrot
Mundfalten oben
Mundfalten unten
Gelbe Zähne
Doppelkinn
Faltiger Hals

FRAU

MORGENDLICHEN SPIEGEL STÖRT

MANN

SCHNELLTEST

BRAUCHE ICH EIN HÖRGERÄT?

Falls Sie bei der ersten Textzeile des Songs „California Dreamin'" statt „All the leaves are brown" fälschlicherweise „Anneliese Braun" verstehen, dann kann es sich um einen normalen Verhörer handeln. Wenn Sie aber stattdessen „Olaf ist ein Baum" oder überhaupt nichts hören, dann sollten Sie über die Anschaffung eines Hörgeräts nachdenken. Hier drei Fragen, die Ihnen die Entscheidung erleichtern werden:

1. **Sie und Ihr/e Partner/in haben zwei Tickets für ein Andrea-Berg-Konzert gewonnen. – Was antworten Sie unmittelbar nach dem Konzert auf die Frage Ihres Partners, wie es Ihnen gefallen hat?**

A „Es war scheiße. Und außerdem viel zu laut." (100 PUNKTE)

B „Ich bin der Sohn von Wolfgang Amadeus Mozart, und er hat mir den Auftrag erteilt, dass ich den Komponisten dieser Musik töten soll." (10 PUNKTE)

C Ich antworte gar nicht. (0 PUNKTE)

D „Aaaaah, dieses Pfeifen im Ohr ist unerträglich! Ich glaub, ich hab Tinnitus." (–100 PUNKTE)

2. Ihr/e Partner/in flüstert während Ihrer Geburtstagfeier zu Ihnen: „Schatz, ich liebe dich." – Was antworten Sie?

A „Ich dich auch, Schatz." (100 PUNKTE)

B „Ich dich auch, Schatz. Aber meine verstorbene Großmutter sagt mir gerade, dass ich dir kein Wort glauben soll, weil alle Frauen Schlampen sind und lügen." (10 PUNKTE)

C Ich antworte gar nicht. (0 Punkte)

D „Aaaaah, dieses Pfeifen im Ohr ist unerträglich! Ich glaub, ich hab Tinnitus." (–100 PUNKTE)

3. Nach einem Streit droht Ihr/e Partner/in Ihnen lauthals: „Ich verlasse dich." – Wie reagieren Sie?

A „Schatz, ich kann dich verstehen, aber lass uns doch noch mal drüber reden." (100 PUNKTE)

B „Schatz, ich kann dich verstehen, aber wenn du das tust, muss ich dich leider ohne Essen und Trinken in den geheimen Folterkeller unter unserem Gartenhäuschen sperren ... Befehl von oben." (10 PUNKTE)

C Ich reagiere gar nicht. (10 PUNKTE)

D „Aaaaah, dieses Pfeifen im Ohr ist unerträglich! Ich glaub, ich hab Tinnitus." (–100 PUNKTE)

AUSWERTUNG:

400 PUNKTE: Sie brauchen definitiv kein Hörgerät, denn Sie hören buchstäblich die Flöhe husten. Im Vergleich zu Ihnen ist selbst eine Fledermaus stocktaub. Okay – jedes Wort verstehen zu können, kann manchmal auch ganz schön nervig sein, zum Beispiel bei einer Lesung von Hera Lind oder dem neuen Song von Florian Silbereisen, aber was soll's ... Hauptsache der Gang zum Hörakustiker bleibt Ihnen erspart.

40 PUNKTE: Sie brauchen definitiv kein Hörgerät. Sondern einen Psychiater. Sie hören nämlich nicht nur die Stimmen Ihrer Mitmenschen, sondern auch die in Ihrem Kopf. Sorry, aber da hilft leider auch kein Knopf im Ohr.

0 PUNKTE: Sie brauchen definitiv kein Hörgerät. Denn Sie hören jederzeit und ganz genau, was gesagt wird. Nur wenn Sie wollen, verstehen Sie kein Wort, denn Sie verfügen über eine beneidenswerte Fähigkeit: aktives Weghören! Glückwunsch!

–400 PUNKTE: Sie brauchen definitiv kein Hörgerät, denn Sie haben schon eins. Und wenn Sie es endlich mal von einem Fachmann einstellen lassen würden, verschwände auch dieses nervige Pfeifen, das Sie seit zwei Jahren für einen Tinnitus halten.

LEXIKON

Ge|burts|tag, der; bezeichnet den Jahrestag der Geburt.
Ein unglücklicherweise weit verbreiteter Brauch ist es, seinen Geburtstag nicht nur mit Freunden, sondern auch mit den Verwandten zu feiern. Oft ist es dabei üblich, dem Jubilar ein Geburtstagsständchen zu singen. Je nach Gesangstalent gehen dabei nicht nur Glasgegenstände zu Bruch, sondern auch Freundschaften. Bei Kindern sind sogenannte Kindergeburtstage üblich. Diese werden heute vermehrt in riesigen Indoor-Spielplätzen, Hochseilgärten oder Fußballstadien begangen und kosten die Veranstalter (hier: die Eltern) teilweise sechsstellige Beträge.
Ein weiterer sehr verbreiteter Brauch ist, einen Kuchen oder eine Torte mit genau der dem Alter entsprechenden Anzahl an Kerzen zu verzieren. Die letzte Geburtstagstorte von Altkanzler Helmut Schmidt maß deshalb über drei Quadratmeter, die des biblischen Methusalem (969 Jahre) knapp die Fläche des Saarlandes.
Sollte es nicht möglich sein, persönlich zu gratulieren, ist es heutzutage üblich, einen Geburtstagsgruß per WhatsApp zu übermitteln, z.B. *hdgdl („Hab dich ganz doll lieb.")* oder *sskdwada* („Schon siebzig??? Kack die Wand an, du alter Sack!").
Besondere Geburtstage sind runde Geburtstage, zu denen es spezielle Bräuche gibt: 70-rote-Rosen-vom-Flugzeug-werfen beim 70., Das-Kind-aus-dem-Haus-werfen beim 20. und Mit-kindlicher-Freude-Stücke-von-der-Geburtstagstorte-auf-seine-verdutzten-Gäste-werfen beim 90.

SÄTZE, DIE MAN AN SEINEM 70. GEBURTSTAG DEFINITIV NICHT HÖREN WILL:

UNISEX:

» Ich kann nicht glauben, dass du schon 70 bist. Du siehst aus wie 69! «

» Ich hab' nicht nach deinem IQ gefragt, sondern wie alt du geworden bist. «

» Hey, du bist jetzt in einer ganz besonderen Phase – zwischen gepflegt aussehen und gepflegt werden. «

MÄNNER:

» Wir dachten, Penispumpe und Viagra – mit *den* beiden Geschenken macht man nix VERKEHRt... Harharharhar... «

„Da sind ja mehr Kerzen auf der Erdbeertorte als Erdbeeren!“

„Kriegst du das noch hin mit dem Ausblasen, oder sollen wir den Fön aus dem Badezimmer holen?“

Beim Anstoßen: „Prostata!“

VON DER EIGENEN FRAU:

„70? Kein Grund, sich die Haare zu raufen. Du hast ja eh kaum noch welche …“

» Ich hätte dir ja ‘ne Penispumpe und Viagra geschenkt. Aber ich glaube, das nützt auch nix. «

FRAUEN:

» Is ja irre! Du ähnelst immer mehr deiner Mutter! «

» Normalerweise vergesse ich nie ein Gesicht, aber bei dir würde ich mittlerweile gerne eine Ausnahme machen. «

VOM EIGENEN MANN:

» Herzlichen Glückwunsch zum Hochzeitstag! «

„70 … na und? Du weißt doch, Aussehen war mir noch nie so wichtig.“

VON „FREUNDINNEN“:

„Was für ein tolles Kleid! Da sieht man deinen Truthahnhals so gut wie gar nicht!“

„Dein Mann ist jetzt schon 40 Jahre mit dir zusammen … Wahnsinn! … Aber er wird schon seine Gründe haben.“

„Du siehst fantastisch aus! Du hast sicher stundenlang für dein Make-up gebraucht.“

FILMKLASSIKER
RELOADED

Die große Zielgruppe der Siebzigjährigen ist für die Filmindustrie zunehmend interessant. Deshalb werden zurzeit einige Kinoklassiker altersgerecht neu verfilmt:

HARRY POTTER UND DER GALLENSTEIN DER WEISEN

Harry Potter besucht eine Abendschule für Zauberer. Grund: Der 70-jährige Brillenträger leidet unter unglaublichen Schmerzen im Oberbauch. Kurz darauf entdeckt er in seiner Galle den Gallenstein der Weisen, den er mit einem passenden Zauber entfernen will. Indes will Harrys ärgster Feind, der dauerpupsende Voll-gas-demort, Harry den Gallenstein der Weisen entreißen, weil er glaubt, er helfe gegen Blähsucht. Doch der Versuch scheitert an einem depressiven Schub Voll-gas-demorts: Nach Jahrzehnten unablässigen Böseseins leidet er unter Burn-out.

BRAVEHEART

Ende des 13. Jahrhunderts. Kurz nach dem 70. Geburtstag des schottischen Freiheitskämpfers William Wallace entdeckt dessen Hausarzt bei seinem Patienten eine vergrößerte Prostata. Die Verkleinerung des Organs ist für damalige Verhältnisse unfassbar teuer, weshalb Wallace bei seiner englischen Krankenversicherung einen Antrag auf Kostenübernahme einreicht. Die Versicherung lehnt diese jedoch ab, weil sie Schotten scheiße findet. Wallace erinnert sich an seine politisierte Jugend und organisiert eine Großdemo: Hunderte von Schotten ziehen in ihren Kilts vor das Verwaltungsgebäude des englischen Krankenversicherers und präsentieren dort aus Protest gegen den abgelehnten Heilplan ihre nackten Hinterteile. Dabei brüllen sie: „KOSTENFREIHEIT!!!" Doch die Versicherung bleibt hart. Um weiter Widerstand zu leisten, lässt Wallace sich öffentlich vierteilen. Happy End: Die Kosten der Vierteilung werden am Schluss durch die Krankenkasse übernommen.

HARRY UND SALLY

Der 70-jährige Harry glaubt, Männer und Frauen könnten nie befreundet sein, weil ihnen immer der Sex dazwischen komme. Die gleichaltrige Sally

widerspricht: 70-Jährige hätten, wenn überhaupt, maximal einmal pro Jahr Sex. Wo also sei das Problem?

Später treffen sich die beiden in einem New Yorker Imbiss wieder. Während des Essens beginnt Sally plötzlich laut zu stöhnen. Der Grund: Sie musste stundenlang auf einem unbequemen Stuhl sitzen, weshalb ihre Krampfadern jetzt heftig schmerzen. Später gesteht Harry Sally, dass er sie liebt. Zwar hält Sally die Benutzung des Wortes „Liebe" bei Menschen ihres Alters für völlig naive Gefühlsduselei, sie heiratet Harry aber trotzdem, weil ihr dies nach einem kurzen Blick auf ihren Rentenbescheid „irgendwie als das Vernünftigste erscheint".

PIPPI LANGSTRUMPF

Pippi Langstrumpf, die ganz allein in der „Seniorenresidenz Kunterbunt" lebt, trifft sich einmal in der Woche mit ihren Freunden und Mitsiebzigern Tommi und Annika zur Rückengymnastik. Während einer der Übungen kugelt sich Pippi beim Hochheben ihres Pferdes ihr arthritisches Schultergelenk aus. Gegen die Schmerzen helfen auch die Herzsamen-Globuli nicht, die sie von ihrem Lieblings-Osteopathen bekommen hat und die sie immer bei sich trägt.

Am Ende des Films kommt Pippis vermögender Vater aus seiner Wahlheimat, den Cayman Islands, zu Besuch. Pippi, die ihren Vater lange nicht gesehen hat, erwartet einen vor Kraft strotzenden Selfmademan, der sie mit zu sich in seine 700-Quadratmeter-Villa holen will. In Wirklichkeit steht aber ein 95-jähriger

Pflegefall im Rollstuhl vor ihrer Tür, der im Halbstundentakt hochdosierte Opioide zu sich nimmt, die ihm sein amerikanischer Hausarzt gegen die quälende Arthritis verschrieben hat.

Pippi reagiert sofort und beantragt Pflegegrad fünf, der jedoch von der Angestellten des medizinischen Dienstes, Fräulein Prusseliese, abgelehnt wird. Pippi hat einen dicken Hals, aber Tommi und Annika freuen sich, dass ihre Freundin sie nicht verlässt. Auch wenn sie jetzt nur noch ganz selten Zeit für sie haben wird ...

WIE MAN SEINE RENTE AUFBESSERT

Viele Menschen um die 70 schauen heutzutage auf ihre monatliche Kontoabrechnung und denken sich: „Verdammt, das reicht nicht. Da muss ich mir noch was dazu verdienen.“ Das Problem ist allerdings nicht neu: Die Frage, wie man sich ein gutes Auskommen im Alter ermöglichen kann, beschäftigte auch schon unsere Vorfahren. Tatsächlich hat man im Laufe der Zeit die unterschiedlichsten Lösungsstrategien entwickelt, sein Altersgeld ein wenig aufzubessern – vielleicht ist ja auch etwas für Sie dabei?

STRATEGIE 1:
Einrichtung eines Alterssicherungfonds mittels Crowd-Funding

Der ehemalige Südstaaten-Rekrut Jesse James ging nach dem Ende des amerikanischen Bürgerkriegs zwangsweise in Frührente. Die lausigen Bezüge, die ihm zustanden, ließen ihn allerdings nicht verzweifeln. Mit typisch amerikanischem Optimismus startete er eine groß angelegte Crowd-Funding-Kampagne für sich und andere Kleinrentner, darunter sein Bruder Frank und die Brüder Jim, John, Bob und Cole Younger. Gemeinsam überzeugten die

Ruheständler zahlreiche Banken, Zuggesellschaften und Einzelhandelsgeschäfte, beträchtliche Summen in einen privaten Fonds für ihre Alterssicherung zu investieren.

Noch heute ist ein solch eigeninitiatives Handeln vorbildlich. Doch bedauerlicherweise machte Jesse James zwei Fehler, die ihn um die Früchte der Rentenvorsorge brachten:

1. Er ließ sich erschießen.

2. Er schloss vor seinem Tod einen Riester-Vertrag ab. Wäre James nicht rechtzeitig verstorben, hätten die Versicherungsgebühren seine Ersparnisse in wenigen Jahren aufgefressen.

STRATEGIE 2:
Die Weltwirtschaft ruinieren

Als sich die Vorstandsmitglieder der Lehman-Brothers-Bank etwa um die Jahrtausendwende auf ihren Lebensabend vorbereiteten, entdeckten sie Skandalöses: Ihr Arbeitsleben, das sich durch monate-, oft sogar jahrelange harte, ehrliche Schufterei und Aufopferung für das Gemeinwesen auszeichnete, würde nur durch eine lächerlich geringe Rente von 15-20 Millionen Dollar pro Jahr belohnt werden.

Angesichts dieser deprimierenden Erwartungen versuchten die Banker, dem drohenden Sturz ins soziale Abseits entgegenzuwirken. Hierfür entwickelten sie einen nobelpreiswürdigen Plan: Wenn es schon nicht möglich war, ihre eigenen kärglichen Altersbezüge noch weiter anzuheben, dann musste man eben

dafür sorgen, dass die Ersparnisse und Renten der anderen sinken – im Vergleich würde man dann wieder ein ganzes Stück besser dastehen.

Mit bewunderungswürdiger Tatkraft und großem Einfallsreichtum machten sie sich ans Werk, scheiterten am Ende allerdings: Es gelang ihnen nur fast, die Weltwirtschaft zu zerstören und einen Großteil der Menschheit zu ruinieren. Und noch schlimmer: Nicht einmal die Hoffnung, einige Jahre in einer gemütlichen Einzelzelle zu verbringen und so von staatlicher Unterstützung zu profitieren, erfüllte sich auch nur für einen der Banker. Aber das sollte Sie nicht abhalten: Vielleicht machen Sie es ja besser?

STRATEGIE 3:
Wieder bei der Familie einziehen

Schon in jungen Jahren gab Jesus Christus in Galiläa seinen sicheren Beruf als Zimmermann auf und schlug sich den größten Teil seines Berufslebens als Wanderprediger und Erlöser durch. Als er sich etwa im

Jahr 30 schließlich anschickte, in Rente zu gehen* und einen Blick auf seinen Rentenbescheid warf, bereute er augenblicklich, den Weg in die Freiberuflichkeit gewählt zu haben: Auf ihn wartete Altersarmut auf Grundsicherungs-Niveau.

Jesus erkannte, dass er nicht auf die öffentliche Hand bauen konnte. Zum Glück aber stammte er aus einer begüterten Familie – sein leiblicher Vater, der glücklicherweise immer noch lebte, war eine der einflussreichsten Persönlichkeiten seiner Zeit mit einem weltweit verzweigten Kontaktnetzwerk. Wenige Wochen später bereits hatte Jesus dem Erlöser-Gewerbe den Rücken gekehrt und das heruntergekommene Galiläa hinter sich gelassen. Stattdessen bewohnte er nun ein geradezu himmlisches Luxusappartement auf den ausgedehnten Territorien, die seinem Vater gehörten, und genoss dort als Rentner die gesunde Höhenluft.

Also: Wenn auch Sie mit einem emotional erpressbaren, finanziell solventen Elternhaus gesegnet sind, sollten Sie für Ihre Rentenzeit die Rückkehr in den Schoß der Familie ernsthaft in Betracht ziehen.

STRATEGIE 4:
Einen Kontinent erobern

Attila, der Herrscher der Hunnen, hatte nach langen, erfüllten Berufsjahren mit einer ordentlichen Alterssicherung gerechnet. Doch es rächte sich, dass er ausgerechnet König eines quasi besitzlosen Nomadenvolkes in der asiatischen Steppe geworden war.

* Immerhin war er über 30 – und für damalige Verhältnisse damit reif für den Ruhestand.

Als er im Jahr 449 seinen wohlverdienten Ruhestand antreten wollte, standen ihm laut seiner Renteninformation monatlich zu:

- 10 Yakfelle
- 150 Yaksteaks
- 400 Liter Yakmilch
- 1 Trinkbecher (aus Yak-Horn)

Attila erkannte sofort den Kern des Problems: Die Zahl der Sozialversicherten musste drastisch erhöht werden. Also verschob er seinen Rentenantritt und ging mit der Tatkraft desjenigen, der vor dem sozialen Nichts steht, ans Werk: So schnell es ging beendete er den Missstand und fügte seinem Reich durch eine groß angelegte Werbeoffensive mehrere Millionen neuer sozialversicherungspflichtiger Arbeitnehmer hinzu. Der Erfolg war durchschlagend. Als Attila im Jahr 451 endlich in Rente ging, standen ihm zu:

- 100.000 Gold-Denare
- 500 Araberpferde
- 200 blonde Jungfrauen
- Österreich

Sie sehen: Altersarmut ist kein unabwendbares Schicksal. Mit ein wenig Kreativität und Einsatzfreude ist so manches möglich.

WO MAN 70-JÄHRIGE AM HÄUFIGSTEN IN IHRER FREIZEIT ANTRIFFT

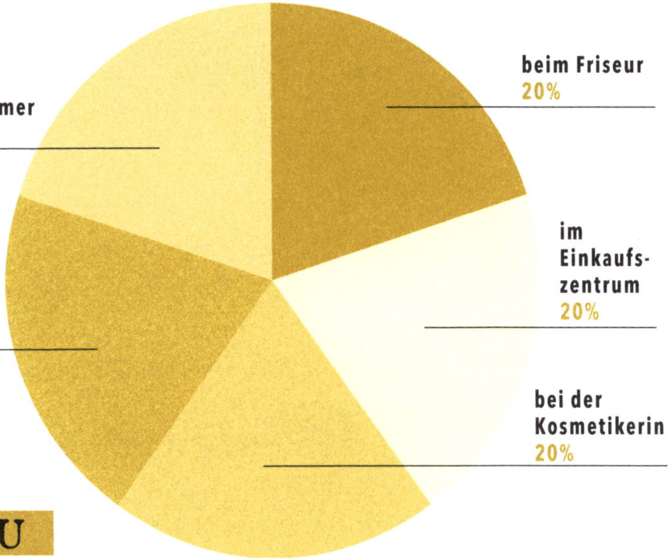

FRAU

MANN

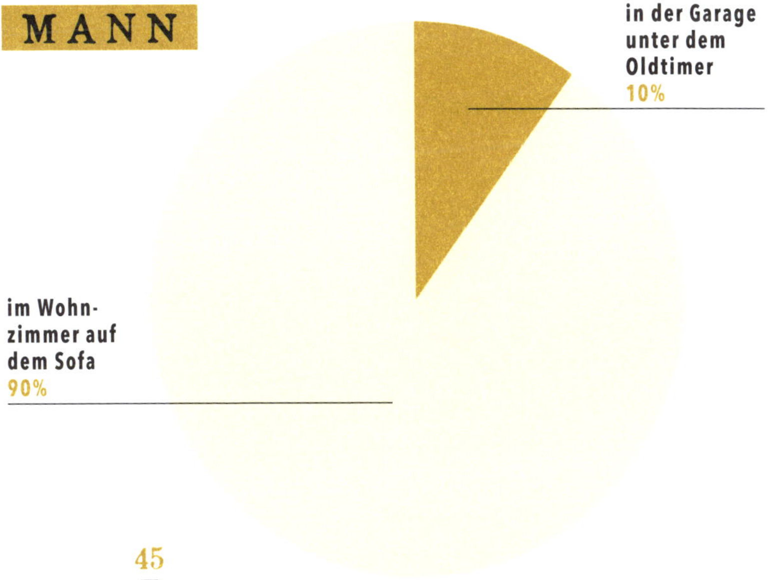

SO TREIBEN SIE IHRE ERBEN IN DEN WAHNSINN

Viele Menschen denken ungern daran, den eigenen Nachlass zu regeln. Dabei kann es durchaus unterhaltsam sein, sich im Vorfeld ein paar Gedanken über die Gestaltung des eigenen Testamentes zu machen. Vor allem dann, wenn Sie denjenigen, die seit Jahren auf ihr Erbe lauern, ordentlich eins auswischen wollen.

Im Folgenden finden Sie ein paar Anregungen und Vorschläge für Testamente, mit denen Sie sich nach Ihrem Ableben wunderbar an Ihren Erben rächen können.

TESTAMENT-VORSCHLAG „GEHEIMBOTSCHAFT“

Verfassen Sie ein normales Testament, in dem Sie die oder den unliebsamen Erben zum Alleinerben bestimmen. Fügen Sie nun eine Bedingung hinzu, beginnend mit den Worten „Aber nur dann, wenn…“ Ab hier verfassen Sie den Rest Ihres Testamentes in einer seltenen und im besten Fall ausgestorbenen Sprache wie zum Beispiel Moselromanisch, Altaramäisch oder Sumerisch. Auch der Gebrauch von aztekischen Hieroglyphen oder der Quipu-Knotenschrift bietet sich hier an. Ihre Erben werden Sie verfluchen, wenn Sie merken, wie schwer es ist, an eine Übersetzung zu gelangen. Vor Wut platzen werden sie jedoch, wenn es ihnen gelingt. Denn natürlich lautet die Übersetzung: „Aber nur dann, wenn sie das Erbe in voller Höhe einer wohltätigen Organisation spenden."

TESTAMENT-VORSCHLAG „SCHNITZELJAGD"

Deponieren Sie leicht auffindbar ein Testament mit dem Wortlaut: „Mein letzter Wille... befindet sich im Küchenschrank rechts oben in der Zuckerdose." Hier deponieren Sie das nächste Testament, welches die raffgierigen Erben an einen anderen Ort innerhalb ihrer Wohnung locken wird. Schön ist es, wenn diese Orte zunehmend unappetitlicher Natur sind. So lässt sich ein Testament beispielsweise hervorragend in einem eingeschweißten verdorbenen Brathähnchen oder einer Dose mit fauligem Fisch verstecken. Denkbar sind auch Abstecher auf den Dachboden (Taubenkot) oder Keller (Schimmel). Auch andere Stadtviertel (Mülldeponie) oder gar Städte (Stuttgart) sind möglich. Ihrer Phantasie sind keine Grenzen gesetzt! Wichtig ist nur, dass Sie auf dem letzten Testament eine wohltätige Organisation als Alleinerben einsetzen.

EXOTISCHE VARIANTE: „SCHNITZELJAGD INTERNATIONAL"

Hier führen Sie Ihre Verwandten auf der Jagd nach dem begehrten Dokument in Krisengebiete wie Mali, Syrien oder den Jemen.

TESTAMENT-VORSCHLAG „DENKSPORT"

Wie wäre es mit einem Testament in Form eines Kreuzworträtsels, dessen Lösungswort den Namen des Alleinerben verrät? Selbstredend, dass es sich dabei um ein Rätsel handelt, welches sich nicht mal eben lösen lässt (Beispiele: „Chemische Verbindung mit 51 Buchstaben"*, „Ortsteil einer ungarischen Stadt mit 28 Buchstaben"**). Genauso selbstredend, dass das finale Lösungswort *nicht* den Namen eines Verwandten, sondern den einer wohltätigen Organisation ergibt.

TESTAMENT-VORSCHLAG „ORDNUNG IST DAS HALBE LEBEN"

Rechtsgültig ist nur das Testament, welches als Letztes verfasst wurde. Diese Regelung können Sie sich zunutze machen, um Ihre Verwandten vollends in den Wahnsinn zu treiben. Zugegeben: Die Umsetzung ist aufwändig, dafür ist der postmortale Spaß garantiert. Fertigen Sie 10.000 handgeschriebene Testamente an, in denen Sie jeweils einen anderen Ihrer geldgeilen Nachkommen als Alleinerben einsetzen. Versehen Sie jedes dieser Testamente mit einem anderen Datum und heften Sie sie unsortiert in 100 Aktenordnern ab, alle mit der Aufschrift „Mein letzter Wille".

TIPP: Das Auffinden des letzten Testamentes wird für die Erbschleicher zur völligen Tortur, wenn Sie beim Datum ab und an auch die römische

* Lösung: Methylhexahydroindolochinolincarbonsäurediethylamid

** Lösung: Hódmezővásárhelykutasipuszta

Schreibweise benutzen. Als Bonbönchen steht es Ihnen natürlich frei, im letzten Testament wieder eine wohltätige Organisation zu begünstigen.

TESTAMENT-VORSCHLAG „GENERATION MILLENNIUM“

Gerade die „Digital Natives“ legen Wert auf eine moderne, zeitgemäße Form der Nachlassbestimmung. Was liegt also näher, als Ihre Erben mittels einer digitalen Videodatei über Ihren Nachlass zu informieren? Und was liegt näher, als ihnen genau auf diesem Weg einen schönen Crypto-Trojaner auf ihre Gadgets zu spielen, der in Nullkommanix das digitale Gedächtnis der erwartungsfrohen Erben verschlüsselt und in einen nutzlosen Brei von Einsen und Nullen verwandelt? Natürlich erst kurz vor Bekanntgabe des Alleinerben!

Wie kriege ich meine Kinder dazu, endlich für ENKEL zu sorgen?

Wie schön ist es doch, zu Beginn seines Lebensabends ein oder mehrere Enkel an sein Herz drücken zu können. Leider ist dieses Glück immer weniger Senioren beschert. Grund: Die Deutschen werden zunehmend sex- und kinderfaul. Sollten auch Ihre Kinder Ihnen das Glück eigener Enkel verwehren, bietet sich folgendes Zehn-Schritte-Programm an, mit dessen Umsetzung Sie doch noch in den Genuss einer Großelternschaft kommen können.

1. **DEN STRESS BEI DEN KINDERN REDUZIEREN.** Stress ist der häufigste Grund für sexuelle Inaktivität. Der häufigste Grund für Stress ist wiederum der Arbeitsplatz. Nehmen Sie Ihren Kindern Stress, indem Sie ihnen den Arbeitsplatz nehmen. Ein probates Mittel hierfür sind beispielsweise Briefe an den Vorgesetzten, in denen Sie sich über Drogenexzesse, Sexpartys und eine lockere Haltung ihrer Kinder gegenüber dem Firmeneigentum auslassen.

2. **FÜR LANGEWEILE SORGEN.** Die neu gewonnene Freizeit Ihrer Kinder wird dazu führen, dass sie sich vermehrt dem Freundeskreis widmen. Dies gilt es, mit allen Mitteln zu verhindern. Probates Mittel zur Herbeiführung einer sozialen Isolation: Briefe an die Freunde, in denen Sie sich über Drogenexzesse, Sexpartys und eine lockere Haltung Ihrer Kinder gegenüber der partnerschaftlichen Treue befreundeter Paare auslassen.

3. **ABLENKUNG VERHINDERN.** Mit der plötzlichen Einsamkeit konfrontiert, werden Ihre Kinder sich vermehrt dem Fernsehkonsum, Spielekonsolen und dem Internet widmen. Ein geschickt herbeigeführter, lang anhaltender Stromausfall oder ein massiver Kurzschluss („Ich muss mal kurz bei euch in den Keller, was nachsehen.") schaffen Abhilfe.

4. **ENTSPANNUNG HERBEIFÜHREN.** Jetzt gilt es, Ihre Kinder vom Sorgendruck über Arbeitslosigkeit, Einsamkeit und fehlende Stromversorgung zu befreien. Gut geeignet hierzu sind Cannabisprodukte, die sich bequem und unauffällig in die Nahrung mischen lassen und schnell zu einer nachhaltigen Laissez-Faire-Haltung gegenüber den neuen und ungewohnten Lebensverhältnissen führen.

5. **DIE SEXUELLE LEISTUNGSFÄHIGKEIT STEIGERN.** Täglich drei Tabletten Viagra, ins Essen des Mannes gemischt, sollten ausreichen.

6. **VERHÜTUNGSMITTEL UNWIRKSAM MACHEN.** Mittel der Wahl bei Kondomen: eine Stecknadel. Bei der Pille: Placebos.

7. **FINANZIELLE ANREIZE SETZEN.** Lassen Sie durchblicken, dass Sie in Erfahrung bringen konnten, dass das Kindergeld ab dem nächsten Jahr auf 2.500 Euro monatlich erhöht werden soll. Jedes weitere Kind wird ebenfalls mit 2.500 Euro belohnt. Ab dem fünften Kind winkt ein Tesla Model S.

8. **DRUCK AUFBAUEN, STUFE 1.** Lassen Sie durchblicken, dass Sie durch den unerfüllten Enkelwunsch an einer seltenen Form der Depression leiden, deren Symptome nur durch eine extrem kostenintensive Psychotherapie halbwegs in den Griff zu kriegen sind. Lassen Sie ebenso durchblicken, dass diese Kosten nicht von der Kasse getragen werden und das Erbe Ihrer Kinder erheblich mindern werden.

9. **DRUCK AUFBAUEN, STUFE 2.**
Lassen Sie durchblicken, dass Sie mit dem Gedanken spielen, Kinder zu adoptieren, die gerne bereit sind, für Enkel zu sorgen und dass sich diese Maßnahme auch erheblich auf die Höhe des Erbes auswirken wird.

10. **DRUCK AUFBAUEN, STUFE 3.**
Drohen Sie unverblümt mit Enterbung.

Sollten diese Maßnahmen wider Erwarten nicht fruchten, können Sie immer noch zum letzten Mittel greifen: Konfrontieren Sie Ihre Kinder mit dem Wunsch, selbst noch einmal in der eigenen Partnerschaft für Nachwuchs zu sorgen. Die moderne Medizin macht's schließlich möglich. Spätestens jetzt werden Ihre Kinder laut schreiend davonlaufen und sich eiligst ins nächstgelegene Schlafzimmer zurückziehen. Wir drücken die Daumen!

Für viele 70-Jährige ist der Wunsch nach Enkeln bereits in Erfüllung gegangen, und sie lieben die kleinen Racker über alles. Falls dies bei Ihnen nicht der Fall ist und Sie ein „Enkel-Sitting" ungefähr so angenehm finden wie von einem blutrünstigen Kampfhund angegriffen zu werden oder barfuß in einem Kuhfladen zu stehen, dann benutzen Sie...

DIE BESTEN AUSREDEN, damit Sie sich nicht um Ihre ENKEL kümmern müssen!

1. **DIE ALTERS-MASCHE:**

„Alte Leute brauchen ihren Schlaf."

Ein wirksamer Spruch, auch wenn Sie in Wirklichkeit meistens nur noch vier Stunden am Stück schlafen. Ergänzen Sie die Ausrede durch das Angebot, dass Sie jederzeit gerne auf die Kinder aufpassen würden, nur nicht abends. Falls dies auf kein Verständnis stößt, fahren Sie einen geschickten Konter: Wenn alte Menschen wie Sie zu wenig Schlaf bekämen, gefährde dies massiv Ihre Gesundheit, und dann könnten Sie bald GAR NICHT mehr auf die Kleinen aufpassen … Das zieht!

2. DIE GESUNDHEITS-MASCHE:

„Oma hat Migräne."

Warum sollte Omas Strategie, wenn sie früher mal nicht mit Opa kuscheln wollte, nicht auch anderweitig funktionieren? Falls die Frage aufkommt, warum Opa nicht alleine zum Aufpassen kommt, ziehen Sie voller Empörung die MORAL-KARTE: Ihre alte Mutter mit heftigen Kopfschmerzen alleine zu Hause zu lassen – das hätten nicht mal Stalin oder Hitler fertiggebracht! … Danach ist Ruhe.

Wenn Sie auf dem Land wohnen, versuchen Sie es mit: „Opa hat vergessen, seine Herztabletten zu besorgen, und die nächste Not-Apotheke ist 30 Kilometer entfernt." Gesundheit zieht immer, und wer möchte schon die Schuld am vorschnellen Tod eines nahen Verwandten auf seinen Schultern tragen? Auch die Variante „Oma ist beim Duschen ausgerutscht und hat sich das Bein gebrochen" hat sich als sehr effektiv erwiesen, vor allem, wenn Sie Ihre Geschichte mit spezifischen Angaben unterfüttern, wie „Verrückt! Sie hat sich erst im

Duschvorhang verheddert und ist dann an diesem blöden Nöppel über dem Abfluss hängen geblieben“ oder „Ausgerechnet das linke – das ist mein Lieblingsbein“.

3. **DIE ELEKTROGERÄT-MASCHE:** *„Ich glaube, wir haben das Bügeleisen angelassen. Wir sind schon auf dem Weg, aber wir müssen leider zurück.“*
Diese Ausrede hat sich bestens bewährt, wenn Sie zum Haus Ihrer Enkel eine Anreise von einer Stunde oder länger haben: Statt des Bügeleisens können Sie auch wahlweise Herd, Heizdecke oder Ihren Thermomix verwenden. Ein augenzwinkerndes „Ihr wollt doch nicht, dass das Haus, das ihr einmal erben werdet, in Flammen aufgeht“ macht die Ausrede perfekt.

4. **DIE RENTEN-MASCHE:** *„Opa hat einen Job als Schaffner angenommen, und ich begleite ihn auf seiner ersten Dienstreise.“*
Eine tolle Variante, wenn die Anfrage für das Babysitting auf dem Handy erfolgt. Auf verwunderte Nachfragen seitens der Eltern entgegnen Sie, dass die Altersarmut auch vor Opa nicht halt gemacht hat und er deshalb den

Job bei der Bahn annehmen musste, um seine spärliche Rente aufzubessern. Damit Ihre Geschichte authentischer wirkt, spielen Sie parallel dazu Bahnhofsgeräusche ab, von Platte, CD oder einer sound file aus dem Internet.

5. **DIE TIER-MASCHE:** *„Uns ist heute ein kleines Hundebaby zugelaufen. Da können wir unmöglich weg."*

Diese Ausrede ist eine echte Waffe! Wenn irgendetwas hierzulande zieht, dann die Liebe zu Tieren. Jedes Vogelküken, das aus seinem Nest gefallen ist, erregt mehr Mitleid als alle Obdachlosen zusammen. Auch die Variante „Unsere Katze ist auf dem Haustürschlüssel eingeschlafen" hat sich als äußerst effektiv erwiesen. In beiden Fällen wird Ihre Verwandtschaft vollstes Verständnis zeigen, dass Sie an diesem Abend absolut nicht abkömmlich sind.

6. **DIE BILDER-IM-KOPF-MASCHE:** *„Darf ich meine neue Affäre mitbringen? Wir werden auch ganz bestimmt keinen Sex auf eurem Sofa haben!"*

100% böse – 100% wirksam: die Atombombe unter den Ausreden! Wo sie eingesetzt wird, wächst kein Gras mehr. Denn diese Bilder wollen Ihr Sohn oder Ihre Tochter gar nicht erst IN den Kopf bekommen.

Dringend Abstand nehmen sollten Sie von Ausreden, die allzu unplausibel klingen, wie „Opa ist heute von Außerirdischen entführt worden", „Oma hat sich beim Ironman auf Hawaii den Fuß verdreht" oder „Wir beide haben den Nah-Ost-Konflikt gelöst und müssen heute Abend zur Überreichung des Nobelpreises nach Oslo."

ALTERSGERECHTER SPORT

70-Jährige sind heute fitter als jemals zuvor. Und doch – die Art der ausgeübten Sportarten verändert sich, je älter wir werden. 100-m-Sprint, BMX-Freestyle-Fahren, Turnen am Stufenbarren und Rhythmische Sportgymnastik sollte man den nachfolgenden Generationen überlassen. Dafür aber kommen neue, spannende Sportarten hinzu, in denen nur der Athlet fortgeschrittenen Alters echte Meisterschaft erwerben kann. Wir stellen einige dieser aufregenden Disziplinen vor:

DISZIPLIN 1:

„Tief-Aufstöhnen-beim-sich-aufs-Sofa-Niedersinkenlassen"

Diese Sportart trainiert vor allem das Zwerchfell, die Lungen und die Stimmbänder. Dem echten Meister gelingt es, aus den Tiefen des Bauchraums ein intensives Brummen auszustoßen, das mindestens 20 Sekunden andauert und selbst einen bulgarischen Oberstimmen-Chor mühelos übertönen kann. Trainingsmöglichkeiten ergeben sich meist abends, wenn der Athlet sich vor den Fernseher setzt und dann nacheinander bemerkt, dass er a) noch ein Schnittchen dazu essen, b) noch ein Bier zum Schnittchen trinken möchte, er c) nach dem Genuss des Bieres fast umgehend das WC aufsuchen muss und d) die Fernbedienung wieder mal ganz woanders liegt.

Das „Tief-Aufstöhnen-beim-sich-aufs-Sofa-Niedersinkenlassen“ ist häufig Bestandteil des sogenannten TV-Abend-Mehrkampfes (in etwa vergleichbar mit dem olympischen Zehnkampf). Neben „Geistesabwesend-auf-der-Fernbedienung-Herumtippen“ und „Sich-lautstark-über-die-viele-Werbung-bei-den-Privatsendern-beschweren“ verlangt vor allem folgende sportliche Betätigung echte Meisterschaft:

DISZIPLIN 2:

„Rhythmisches-Schnarchen-während-des-Heute-Journals“

Diese Sportart erfordert von den Athleten vollendete Körperbeherrschung und ein Höchstmaß an Disziplin. Der Anfänger verpasst zum Beispiel häufig den Zeitpunkt, seinen gesamten Körper in eine waagerechte Position auf dem Sofa zu bringen und geht so einem sportlichen Debakel entgegen: Er erlebt die Anmoderation von Marietta Slomka in hellwachem Zustand. Auch mangelnde Zweikampfhärte führt häufig zu einer Ergebniskrise: Wenn der Athlet sich nicht gegen seinen Partner durchsetzen kann, der ebenfalls einen Platz auf dem Sofa beansprucht, hilft nur noch der Versuch, in sitzender Position einzudämmern – das Resultat ist dann ein unrhythmisches, bestenfalls zweitklassiges Schnarchen, für das kein Kampfgericht der Welt Höchstnoten vergeben würde.

Natürlich gibt es auch Sportarten, die tagsüber ausgeübt werden können, zum Beispiel nach dem morgendlichen Gang zum Briefkasten. Hier findet vor allem unter Rentenbeziehern eine Disziplin immer mehr Anhänger, die sich in den letzten Jahren zu einer echten Trendsportart entwickelt hat:

DISZIPLIN 3:

„Verzweifelt-das-Gesicht-beim-Blick-auf-den-Kontoauszug-verziehen“

Die Disziplin „Verzweifelt-das-Gesicht-beim-Blick-auf-den-Kontoauszug-verziehen“ stellt ein fantastisches Training für den Großteil der Gesichtsmuskulatur dar. Vor allem der Musculus depressor anguli oris (Mundwinkelherabzieher) und der Musculus corrugator supercilli (Augenbrauenrunzler) werden beansprucht. Bei vielen Athleten bildet sich auch schnell das Äquivalent eines Sixpacks heraus: Ein tiefes Stirnfalten-Muster, das den geübten „Verzweifelt-das-Gesicht-beim-Blick-auf-den-Kontoauszug-Verziehers“ verrät.

Es gibt jedoch auch altersgerechte Sportarten, die den ganzen Körper gleichmäßig fordern. Die meistverbreitete ist sicher folgende:

DISZIPLIN 4:

„Sich-morgens-unendlich-mühsam-aus-dem-Bett-quälen"

Hierbei handelt es sich zugleich um einen Ausdauersport und eine höchst anspruchsvolle Geschicklichkeitsdisziplin, die der Rhythmischen Sportgymnastik kaum nachsteht. Koordination, kinästhetisches Feinempfinden und perfekte Körperbeherrschung werden benötigt, um nach und nach jede einzelne Muskelpartie anzuspannen und in eine gekonnt verlangsamte Bewegung zu versetzen. Gleichzeitig muss der Sportler eine Reihe von tiefen Seufzern und Stöhngeräuschen erzeugen, ohne dabei das langsame Aufrichten auf die Ellbogen zu vernachlässigen. Die meisten 20- oder 30-Jährigen wären von einer solchen sportlichen Herausforderung glatt überfordert: Schon nach wenigen Sekunden würden sie kapitulieren und das Sportgerät, sprich das Bett, verlassen. Der geübte 70-Jährige jedoch kann bei dieser Disziplin locker 15–20 Minuten durchhalten.

Hier beweist sich einmal mehr: Auch im Alter sind noch absolute Spitzenleistungen möglich. Also, worauf warten Sie noch? Überwinden Sie den inneren Schweinehund, und legen Sie los mit dem Training!

WhatsApp Ein Segen für die Kommunikation

Besonders wenn mehrere Menschen sich gleichzeitig verständigen wollen, vereinfacht WhatsApp die Kommunikation erheblich. Auch für die spontane Einladung zum 70. ist es das ideale Tool, wie der folgende Chatverlauf aus der Gruppe „Fitte Senioren" eindrücklich beweist.

Manfred:
Feiere Donnerstag in einer Woche meinen 70. Wer kommt, und wer kann was mitbringen?

Helga:
Ob ich kommen kann, weiß ich nicht. Aber ich kann Gulaschsuppe mitbringen.

Horst:
Gulasch mag ich nicht. Geht auch Linsensuppe?

Helga:
Warum nicht? Hat einer ein gutes Rezept für Linsensuppe?

Ilse:
Nein, aber wo du Linsen sagst. Ich war heute beim Optiker. Hab ja den grauen Star.

Horst:
Ich geh immer zu Optiker Hirsch.

Helga:
Also doch Gulasch? Hirsch-Gulasch?

Horst:
Grauer Star ist schlimm. Wie kriegste das dann hin mit WhatsApp?

Ilse:
Was ist WhatsApp?

Horst:
Das, was du gerade machst.

Ilse:
Das kleine Geschäft? Sitz gerade auf dem Klo.

Helga:
Ich finde, Optiker Hirsch hat gar nicht so ein kleines Geschäft.

Werner:
Apropos Star. Wir hatten dieses Jahr sehr wenige Stare im Garten. Was meint ihr? Kommt das vom Klimawandel?

Horst:
Vielleicht. Der Klimawandel kommt auf jeden Fall von den pupsenden Rindern.

Helga:
Also Rinder-Gulasch?

Ilse:
Also, ich geh ja immer zu Optik Wolf.

Horst:
Das ist ja ein Ding. Da geh ich auch immer hin.

Helga:
Der Wolf ist ja jetzt sogar schon in Nordrhein-Westfalen aufgetaucht.

Ilse:
Ich hab ein Bild von dem.

Ein Foto erscheint.

Horst:
Das ist doch kein Wolf.

Ilse:
Doch. Wolf Müller. Der hat doch auch bald Geburtstag.

Horst:
Ich dachte, der Manfred hat Geburtstag.

Helga:
Wolf Müller? War das nicht der, der gestern diese Nacktbilder gepostet hat?

Ilse:
Nacktbilder?

Helga:
Internet ist doch immer mit Nacktbildern.

Ilse:
Sind wir hier im Internet???? Ich dachte, wir sind bei Facebook.

Manfred:
Möchte nicht nerven, aber WER bringt jetzt WAS mit?

Ilse:
Wohin?

Manfred:
ZU MEINEM GEBURTSTAG!!!!!

Helga:
Du hast Geburtstag? Warum sagst du das denn nicht???? Kommt da auch der Werner?

Horst:
Oh, mein Fehler...

„Horst hat Werner hinzugefügt“

Werner:
Hallo! Was gibt's?

Manfred:
Feiere Donnerstag in einer Woche meinen 70. Haste Zeit?

Horst:
Donnerstag in einer Woche? Ich dachte in ZWEI Wochen ...

Manfred: NEIN!!!

Helga:
In zwei Wochen geht nicht. Da muss ich zum Arzt.

Werner:
Kennt ihr den? Zu welchem Arzt geht Pinocchio? Zum Holz-Nasen-Ohren Arzt.

Ilse:
Hahaha...

Horst:
Hahaha...

Helga:
Versteh' ich nicht.

Manfred:
Werner, hast du jetzt Zeit oder nicht?

Werner:
Am Mittwoch?

Manfred:
Donnerstag.

Werner:
Nee.

Manfred:
Sorry, ABER HAT DENN JETZT IRGENDJEMAND ZEIT?????

Ilse:
Nee, jetzt ist schlecht. Geht's nicht nächsten Donnerstag?

Helga:
Würde mir auch besser passen. Dann könnte ich Gulaschsuppe mitbringen.

Horst:
Gulasch mag ich nicht. Geht auch Linsensuppe?

„Manfred hat die Gruppe verlassen"

Werner:
???

Horst:
?????

Ilse:
????????

Helga:
Typisch Manfred. Da will man mal eben schnell was klären, und er zieht sich einfach raus.

PASST MEIN LEBENSSTIL ZU MEINER ALTERSVORSORGE?

Sie sind nun 70 und beziehen mit großer Wahrscheinlichkeit seit einiger Zeit Ihre wohlverdiente Rente. Deren Höhe entspricht leider in den wenigsten Fällen den Einkünften, die man vor Eintritt ins Rentenalter hatte. Viele Senioren plagt nun die Frage, ob sie ihren Lebensstil den veränderten Einkommensverhältnissen anpassen müssen. Der folgende Test gibt hierzu Auskunft. Zugrunde legen wir dabei die durchschnittliche deutsche Rentenhöhe von 1.543 € monatlich.

WAS ESSEN SIE ZUM FRÜHSTÜCK?

A: Nicht viel. Eine Auswahl aus 40 verschiedenen Brotsorten, Kaviar, Hummertartar, Kobe-Rind-Roastbeef und Frischkäse vom Himalaya-Yak reicht mir völlig. Gerne nehme ich dazu ein weich gekochtes Ei vom Weißkopfadler. (250.000 Punkte)

B: Zwei Brötchen mit Marmelade. Sonntags ein Ei. (1 Punkt)

C: Ich lutsche an einem Pfirsichkern. (0 Punkte)

WAS ESSEN SIE ZU MITTAG?

A: Nicht viel. Hausgemachte Pasta mit 15 Gramm Sommertrüffel oder Sushi aus fangfrischem Blauflossen-Thunfisch reicht mir völlig. Gerne nehme ich zum Dessert eine Mousse au chocolat aus 24 verschiedenen Kakaosorten, garniert mit Sahne aus Antilopenmilch und fünf Gramm 24-karätigem Blattgold. (250.000 Punkte)

B: Unterschiedliche Eintopfgerichte oder Suppen. (1 Punkt)

C: Ich lutsche an einem Pfirsichkern. (0 Punkte)

WAS ESSEN SIE AM ABEND?

A: Nicht viel. Ein siebengängiges Degustationsmenü mit passender Weinbegleitung reicht mir völlig. Gerne nehme ich zum Abschluss ein Gläschen 200 Jahre alten Cognac. Einmal im Monat esse ich zu Hause. (250.000 Punkte)

B: Zwei Scheiben Brot mit Aufschnitt. Einmal im Monat gönne ich mir einen Restaurantbesuch. (1 Punkt)

C: Ich lutsche an einem Pfirsichkern. Einmal im Monat gönne ich mir einen Aprikosenkern. (0 Punkte)

WIE GROSS IST IHRE WOHNUNG?

A: Es reicht. Wenn man sich vom West- zum Ostflügel bewegt, durchquert man mehrere Zeitzonen. (250.000 Punkte)

B: Es reicht. 40 bis 50 Quadratmeter. (1 Punkt)

C: Es reicht. Wenn ich mich strecke, gucken aber meine Füße unten raus. Das ist bei Regen unangenehm. Es sei denn, ich stelle meinen Wohnkarton unter eine Brücke. (0 Punkte)

WIE OFT FAHREN SIE IM JAHR FÜR WIE LANGE IN URLAUB?

A: Ich fahre nur einmal im Jahr. Für 51 Wochen. Weihnachten bin ich gerne bei mir zu Hause auf Sylt. (250.000 Punkte)

B: Weihnachten fahre ich für eine Woche zu meinen Verwandten. Den Rest des Jahres bin ich zu Hause. (1 Punkt)

C: Weihnachten bin ich für zwei Tage in der Notunterkunft. Den Rest des Jahres bin ich in meinem Karton. (0 Punkte)

AUSWERTUNG:

ÜBER 250.000 PUNKTE

Wenn Sie nicht über Zusatzeinkünfte in Höhe des Bruttosozialprodukts der Arabischen Emirate verfügen, leben Sie stark über Ihre Verhältnisse. Klingt bedenklich, ist es aber nicht. Denn schließlich tun Sie nichts anderes als 20 Prozent der Bevölkerung und tragen so dazu bei, die Konjunktur anzukurbeln.
TIPP: Weiter so!

WEIT UNTER 250.000 PUNKTE

Ihr Lebensstil ist der durchschnittlichen finanziellen Situation deutscher Rentner angemessen. Also unfassbar langweilig und öde. Außerdem tragen Sie nichts zur Verbesserung der Konjunktur bei.
TIPP: Noch mal überdenken!

0 PUNKTE

Entweder Ihre monatliche Rente beträgt 0 Euro, oder Sie legen Ihre Bezüge für Ihre Erben zurück. In beiden Fällen gilt: gut so. Im ersten Fall bleibt Ihnen nichts anderes übrig, und Sie liegen durch Ihre angepasste Lebensweise wenigstens dem Staat nicht auf der Tasche. Im zweiten Fall können zumindest Ihre Erben das Geld auf den Kopf hauen und so zur Konjunkturförderung beitragen.
TIPP: Weiter so!

WORAN ERKENNEN SIE, DASS IHRE KINDER SIE UM DIE ECKE BRINGEN WOLLEN, UM AN IHR ERBE ZU GELANGEN?

Jeder, der mindestens eine Folge von Derrick oder Der Alte gesehen hat, weiß: Nirgendwo lebt es sich so gefährlich wie im Herzen der gutbürgerlichen deutschen Familie. Hier ist die durchschnittliche Mordrate höher als in den Außenbezirken von Tijuana, Kapstadt oder Medellin. Das bevorzugte Motiv: Geldgier. Mit anderen Worten: Sollten Sie mehr als ein paar Schnürsenkel hinterlassen, haben Ihre zukünftigen Erben ein faustdickes Motiv, Ihr Ableben herbeizusehnen – und möglicherweise vorzeitig herbeizuführen. Also Augen auf! Wir helfen Ihnen, die Anzeichen zu erkennen und auszumachen, wer Ihnen ans Leder will.

ANZEICHEN:

Ihre Tochter entdeckt plötzlich eine Vorliebe für Bittermandel-Kuchenrezepte – und Sie sind der Einzige, der von den Süßspeisen kosten wird, weil alle anderen Verwandten aufgrund einer Mandelallergie passen müssen.

RICHTIGE REAKTION:

Entwickeln auch Sie eine Allergie – und zwar eine Verwandtenallergie. Übergeben Sie sich und suchen Sie dann schleunigst das Weite. Ab jetzt gibt's nur noch Tiefkühltorte von Coppenrath und Wiese.

ANZEICHEN:

Ihr Neffe hat sich kürzlich eine Schusswaffe gekauft, eine 8-mm-Pistole – angeblich wegen der anwachsenden Kriminalität in Ihrem Viertel. Allerdings ereignete sich die letzte Straftat hier Ihres Wissens nach im Jahr 1993, als einer Ihrer Nachbarn beim Wildpinkeln erwischt wurde.

RICHTIGE REAKTION:

Verschweigen Sie, dass Sie sich schon längst einen 45-mm-Colt Magnum zugelegt haben. Wieso sollten Sie ihrem Neffen die schöne Überraschung verderben, die auf ihn wartet?

ANZEICHEN:

Ihre Nichte lädt Sie zu einem gemeinsamen Erholungsurlaub an die Südostküste Brasiliens ein. Zwei Wochen Sonnen, Bootstouren und ein bisschen Inselhopping – herrlich! Nur verschweigt Sie Ihnen, dass es sich bei einer dieser Inseln um die legendäre „Isla de las Cobras" handelt – ein Eiland, das fast ausschließlich von hochgiftigen Lanzenottern bevölkert wird und somit zu den gefährlichsten Orten der Welt zählt.

RICHTIGE REAKTION:

Spielen Sie Ihre Karten richtig aus, und nutzen Sie den Altersvorteil: Indem Sie einen Herzanfall vortäuschen, können Sie Ihr Reiseticket an Ihren Neffen abtreten. Am besten machen Sie gleich Nägel mit Köpfen und buchen für den Rest der Verwandtschaft einen Überraschungstrip zum Mount Sinabung in Indonesien – einem der gefährlichsten aktiven Vulkane der Welt.

ANZEICHEN:

Ihre Schwester fragt sehr unschuldig: „Wo bewahrst du noch mal deine Herztabletten auf, mein Lieber?"

RICHTIGE REAKTION:

Sie antworten wahrheitsgemäß: „Im Badezimmerschränkchen", und warten ab, bis das Miststück versucht, sich an Ihren Medikamenten zu schaffen zu machen – und entdeckt, dass sich in Ihrem Badezimmerschränkchen außerdem noch eine Lanzenotter befindet. Da ist der Brasilienurlaub Ihres Neffen doch nicht ganz umsonst gewesen.

ANZEICHEN:

Ihr Sohn hat im zarten Alter von 45 seine Freude am Kochen entdeckt – und lädt Sie zu einem festlichen Mittagessen ein.

RICHTIGE REAKTION:

Sagen Sie auf jeden Fall ab. Ihr Nachkomme ist zwar so unschuldig wie ein Osterlamm und der Einzige in der Verwandtschaft, der Ihnen nie etwas zuleide tun würde. Aber ihn überfordert selbst die Zubereitung eines Frühstückseis. So schlecht wie er kocht, besteht höchste Lebensgefahr für jeden, der so unvorsichtig ist, eine Essenseinladung nicht auszuschlagen.

Wussten Sie schon…?

- DIE FRANZOSEN KENNEN KEIN WORT FÜR DIE ZAHL 70. Sie sagen *soixante-dix,* also sechzig-zehn. Wenn man Sie demnächst nach Ihrem Alter fragt und Sie Schwierigkeiten mit der Antwort haben, tun Sie es den Franzosen gleich und sagen Sie wahrheitsgemäß einfach: „Vorne steht noch eine Sechs."

- DIE ZAHL 70 GILT IN DER MATHEMATIK ALS KLEINSTE DER MERKWÜRDIGEN ZAHLEN. Das heißt: Die Summe ihrer echten Teiler ist größer als die Zahl selbst, und die Zahl lässt sich gleichzeitig nicht als Summe einiger ihrer Teiler darstellen. Verrückt, oder? Am besten, Sie werfen das Thema bei Ihrer Geburtstagsparty in die Runde – Ihre Gäste werden begeistert sein.

- 70 JAHRE NACH DEM TOD EINES SCHÖPFERS LÄUFT DESSEN URHEBERRECHT AUS. Das ist der Grund, weshalb man heute zum Beispiel Werke von Beethoven nach Belieben verwenden kann. Angenommen, Ihre Eltern wären direkt nach Ihrer Geburt bei einem Autounfall gestorben, so könnte zumindest urheberrechtlich jedermann Sie nach Belieben aus einem Genpool neu zusammensetzen. Gruselig …

DIE ZELLEN IHRES KÖRPERS WERDEN IM SCHNITT ALLE 10 JAHRE NEU GEBILDET. Genau genommen feiert also zumindest Ihr Körper nicht seinen 70., sondern seinen 10. Geburtstag, und zwar zum siebten Mal. Wenn Sie also bis jetzt noch keine Idee hatten, was Sie an Ihrem Geburtstag machen wollen … Wie wär's mit einem Tagesausflug zu einem Indoorspielplatz?

LAUT NEUEM TESTAMENT SAGTE JESUS ZU PETRUS, MAN SOLLE SEINEN BRÜDERN 70 MAL 7 MAL VERGEBEN. Oder wie es 90% der deutschen Gymnasiasten ausdrücken würden: „circa hundertmal". 70% der deutschen Gymnasiasten glauben übrigens, „dass 90% deutlich mehr als alle sind".

BINÄR DARGESTELLT SCHREIBT SICH DIE ZAHL 70 WIE FOLGT: 1000110. Dieses Wissen können Sie sich zunutze machen, wenn Sie an Ihrer Fähigkeit zweifeln, die 70 Kerzen Ihrer Geburtstagstorte auf einen Streich auspusten zu können. Stellen Sie die Zahl 70 einfach binär dar: Sieben Kerzen reichen, von denen sogar nur die erste, die fünfte und die sechste brennen müssen. Das schafft selbst die schlaffste Lunge!

IN GROSSRAUMBÜROS ERREICHT DER DURCHSCHNITTLICHE LÄRMPEGEL 70 DEZIBEL – gut, dass Ihr Arbeitsleben jetzt hinter Ihnen liegt. Es sei denn, Ihre Enkel sind zu Besuch – deren durchschnittlicher Lärmpegel liegt bei dem eines Presslufthammers, der vor einer startenden Boeing 747 betätigt wird.

DIE U70 WAR EIN U-BOOT der deutschen Wehrmacht im Zweiten Weltkrieg. Wenn Sie also demnächst die Einladung zu einer U70-Party erhalten sollten – Vorsicht! Es könnte sich um ein Veteranentreffen alter Wehrmachtssoldaten handeln. Handelt es sich hingegen um die Einladung zu einer echten U70-Party, wär‘s auch blöd, denn dafür sind Sie jetzt leider zu alt.

Falls Sie auf dem Streamingdienst Netflix auf die amerikanische Sitcom „DIE WILDEN SIEBZIGER!“ stoßen und sich davon angesprochen fühlen: Sorry, die Serie handelt nicht von 70-Jährigen, sondern von Jugendlichen in den 1970er-Jahren.

ZUM SCHLUSS EIN URLAUBSTIPP: Auf dem Mount Everest siedet Wasser nicht bei 100 Grad Celsius – sondern schon bei 70, aufgrund des niedrigen Luftdrucks. Das sollten Sie unbedingt nachprüfen – vor Ort natürlich. Und mit Ihren Gästen. So einen atemberaubenden Geburtstagskaffee hatten diese sicher noch nie.

KOSTEN FÜR DIE GESUNDHEITLICHE VORSORGE BIS ZUM 70. LEBENSJAHR

GESAMTKOSTEN FRAU: 126.485,87 € (NACH GOÄ)

Im Laufe von siebzig Lebensjahren bedrohen viele Krankheiten unser Wohlbefinden. Doch zum Glück bietet die moderne Medizin heute zahlreiche Möglichkeiten einer Vorsorge. Welche Kosten dabei im Laufe der Zeit entstehen, soll folgende Grafik veranschaulichen.

1 Aspirin am Silvesterabend, damit er an Neujahr keine Kopfschmerzen hat. (jährlich)

GESAMTKOSTEN MANN: 2,99 EURO (50 STÜCK, GENERIKUM)

KOSTEN FÜR DIE BEKÄMPFUNG VON **ERKÄLTUNGSKRANKHEITEN** BIS ZUM 70. LEBENSJAHR

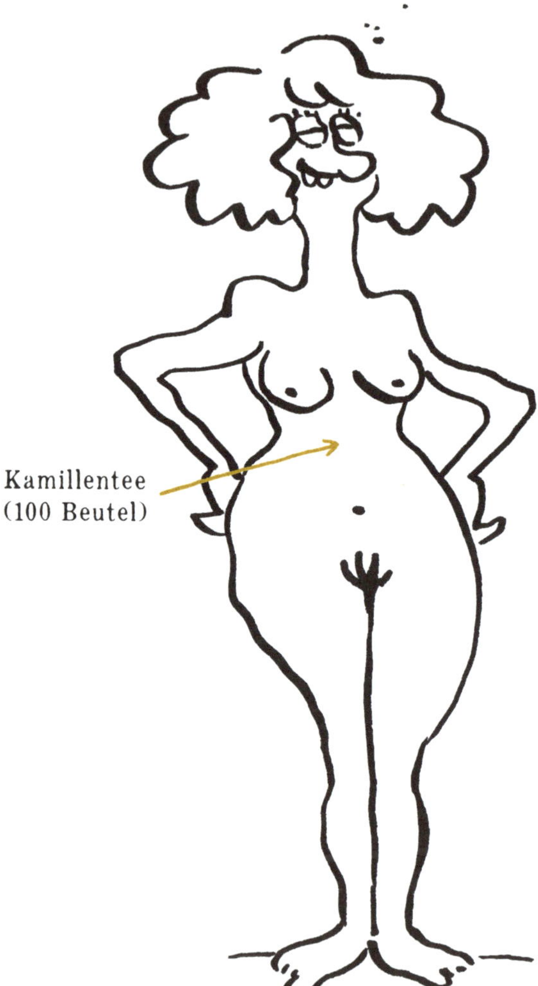

GESAMTKOSTEN FRAU:
2,99 € (VORTEILSPACKUNG)

Doch auch wenn es uns einmal erwischt, bietet die moderne Medizin viele Möglichkeiten, uns bei der Genesung zu unterstützen. Welche Kosten dabei entstehen, verdeutlicht folgende Grafik (ausgehend von zwei Erkältungen pro Jahr):

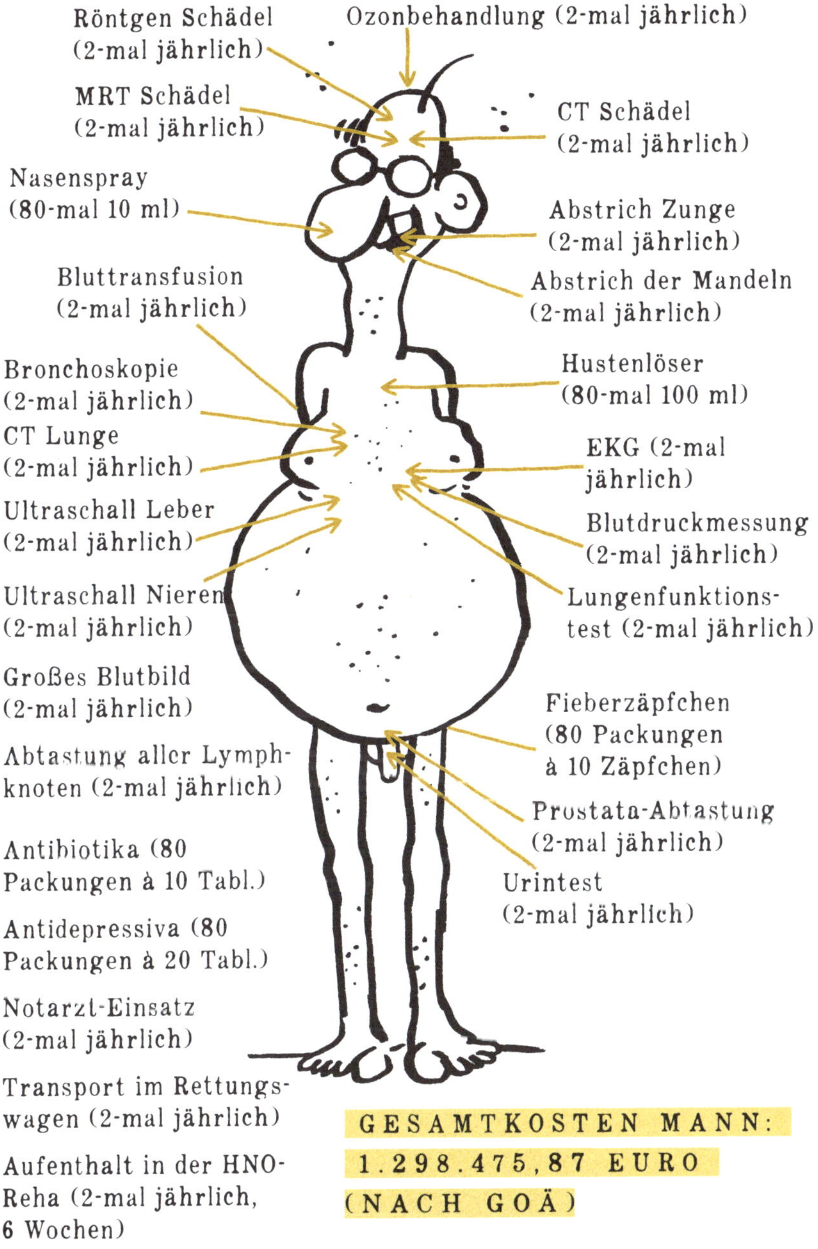

GESAMTKOSTEN MANN: 1.298.475,87 EURO (NACH GOÄ)

WÜNSCHE, die Sie sich noch erfüllen können

Sie sind jetzt 70 und haben viel in Ihrem Leben erreicht. Aber vielleicht haben Sie ja noch etwas wirklich Spektakuläres auf ihrem Wunschzettel. Etwas, mit dem Sie sich und anderen beweisen können, zu welch großartigen Leistungen Sie auch im fortgeschrittenen Alter noch in der Lage sind. Im Folgenden finden Sie drei Beispiele gelebter Selbstverwirklichung, mit denen Sie ohne allzu große Anstrengungen in den Bereich menschlicher Superlative vordringen können.

DEN NIEDRIGSTEN BERG DER WELT ERKLIMMEN

Der offiziell kleinste Berg der Welt ist der Mount Wycheproof in Australien. Der Gigant verfügt über eine kommode Höhe von 148 Metern über dem Meeresspiegel und lässt sich bequem innerhalb eines halbstündigen Spaziergangs erklettern. Da der Mount Wycheproof weitaus seltener bestiegen wird als der Mount Everest, gehören Sie nach der Bezwingung dieses australischen Felsmassivs zu einem weitaus exklusiveren Kreis von Alpinisten als diejenigen, die Schlange stehend auf den Mount Everest kraxeln.

EINEN MARATHONLAUF BEWÄLTIGEN

Wahrscheinlich werden Sie jetzt denken: „Uiuiui ... 42 Kilometer laufen... das schaff' ich doch nie!" Aber wer sagt, dass Sie die Strecke auch in einem Stück schaffen müssen? So schrieb der japanische Marathonläufer Shisō Kanakuri Geschichte, weil er ganze 54 Jahre, acht Monate, sechs Tage, acht Stunden, 32 Minuten und 20,3 Sekunden benötigte, um ins Ziel zu gelangen. Sein denkwürdiger Lauf begann während der Olympischen Spiele 1912 in Stockholm. Wie viele andere Athleten litt Kanakuri unter der ungewöhnlichen Hitze an diesem Tag und wurde deshalb von einer Familie, die in ihrem Garten saß, eingeladen, etwas zu trinken und sich auszuruhen. Dummerweise fiel er nach der Erfrischung in einen tiefen Schlaf und wachte erst am nächsten Morgen wieder auf. Kanakari musste unverrichteter Dinge nach Japan zurückkehren. Dort studierte er Geografie, wurde Professor, heiratete und zeugte sechs Kinder. Der unvollendete Marathon ließ ihn jedoch Zeit seines Lebens nicht los, und so reiste er 1967 wieder nach Stockholm, um seinen Lauf an der Stelle fortzusetzen, an der er ihn damals unterbrochen hatte. Mit Erfolg! Der japanische Ausnahmeathlet erreichte während seines Marathons eine Durchschnittsgeschwindigkeit von 0,000084 Stundenkilometern. Das sollte auch für Sie möglich sein, oder? Falls Sie allerdings noch langsamer sind und mehr

als 55 Jahre nach dem Start ins Ziel gelangen, können Sie sich damit trösten, gleich zwei Einträge ins Guinnessbuch zu bekommen: 1) als langsamster Marathonläufer und 2) ältester Mensch der Welt.

DIE LÄNGSTE ZAHL DER WELT AUSWENDIG AUFSAGEN

Auch im Bereich des Denksports sind Menschen zu Höchstleistungen fähig. Der Inder Suresh Kumar Sharma beispielsweise hält seit 2015 den Rekord, sich die längste Zahl merken zu können. Konkret handelt es sich dabei um die Zahl Pi, die er auf 70.030 Nachkommastellen genau aus dem Gedächtnis aufsagen konnte. Eine Leistung, über die Sie müde lächeln werden und die Sie ohne Weiteres toppen können – solange es sich bei der auswendig gelernten Zahl nicht um Pi handelt. Merken Sie sich einfach die Zahlenreihe 1 2 3 4 5 6 7 8 und 9. Wiederholen Sie diese Zahlenreihe mindestens 7.782-mal und schon haben Sie mit einer Zahl, die satte 70.038 Stellen umfasst, den Rekord des indischen Denksportlers in den Schatten gestellt. Hut ab!

Die LUST auf FREIHEIT und ABENTEUER

Sie sind nun 70 oder werden es in Kürze. Was bedeutet das? Ist die Zeit, in der man das Gefühl von Freiheit und Abenteuer genießen konnte, endgültig passé? Ausgerechnet jetzt?! Wo die Kinder endlich aus dem Haus sind, mithin also Zeit da wäre und eine wahrscheinlich kommodere finanzielle Situation Ihren Tatendrang lange nicht so einschränkt wie zu Ihrer Jugendzeit?

Wir sagen: nein!

Doch bevor Sie sich jetzt auf den Weg zum nächsten Harley-Händler machen, weil Sie gerade die unfassbar originelle Idee hatten, auf einem Hightech-Chopper den Spuren Peter Fondas nachzupöttern, halten Sie zunächst einen Moment inne, und denken Sie nach. Wollen Sie wirklich eintauchen in das Heer alternder Möchtegernhippies und auf der Raststätte Würzburg Nord inmitten von Hunderten Gleichgesinnten plötzlich feststellen, dass Ihre Lust nach individueller Verwirklichung von Freiheit und Abenteuer beträchtlich größer ist als Ihr Ideenreichtum?

Keine Angst! Wir bieten Ihnen Alternativen, die wirklich originell sind. Und zwar ordentlich nach Einkommensgruppen gestaffelt.

MODELL „THIRTEEN DAYS"

(Jahreseinkommen: ab 100.000.000.000 Euro)

Kaufen Sie eine Insel in der Nähe der USA und gründen Sie dort Ihre eigene Republik. Damit Ihnen niemand Ihr neues Reich abspenstig macht, bitten Sie den Regierungschef eines den USA feindlich gesonnenen Staates, dort ein paar Mittelstreckenraketen aufzustellen. Genießen Sie nun die Freiheit, alles tun zu können, was Ihnen in den Sinn kommt.

VORTEIL: *hoher Abenteuerfaktor.*

NACHTEIL: *bei mangelndem diplomatischen Geschick mit dem amerikanischen Nachbarn schnell eingeschränktes Freiheits- und Lebensgefühl.*

MODELL „APOLLO 13"

(Jahreseinkommen: ab 100.000.000 Euro)

Schauen Sie sich den Film *Apollo 13* an und prägen Sie sich alle Details genau ein! Buchen Sie nun bei der Firma *Space Adventures* einen Flug zum Mond. Sorgen Sie dafür, dass auf dem Flug ein Sauerstofftank explodiert. Wenden Sie nun das im Film Gesehene an, und retten Sie sich und die Besatzung vor dem sicheren Tod.

VORTEIL: *Wenn's klappt, wird man viel und lange über Sie reden.*

NACHTEIL: *Wenn's nicht klappt, wird man viel und lange über Sie lachen.*

Aber das wird Ihnen dann egal sein. Sie können also nur gewinnen!

MODELL „ROBINSON CRUSOE“

(Jahreseinkommen: ab 100.000 Euro)

Kaufen Sie sich eine heruntergekommene, seeuntüchtige Schaluppe, und machen Sie sich von den Azoren aus quer über den Atlantik auf den Weg nach New York.

VORTEIL: *Jahrelange Ruhe und grenzenlose Freiheit auf einer einsamen Insel.*

NACHTEIL: *Zwischen den Azoren und New York gibt es keine Insel.**

* Streng genommen handelt es sich hierbei also nicht um das Modell „Robinson Crusoe“, sondern um das Modell „Titanic“.

MODELL „GRUNDSICHERUNG“

(Jahreseinkommen: 10.000 Euro)

Leihen Sie sich die Filme *Thirteen Days, Apollo 13* und *Robinson Crusoe.* Schauen Sie sich die Filme auf Ihrem Fernseher an, und staunen Sie darüber, was Sie alles erleben könnten, wenn Sie mehr verdienen würden.

VORTEIL: *relativ ungefährlich für Leib und Seele. (Vorausgesetzt, Sie schalten nicht versehentlich um auf RTL2.)*

NACHTEIL: *Eingeschränkter Abenteuerfaktor. Lässt sich aber steigern, indem Sie Ihren Rundfunkbeitrag kündigen und in Zukunft nur noch schwarz fernsehen.*

MODELL „GESETZLICHE ALTERSRENTE“

(Jahreseinkommen: 5.000 Euro)

Besuchen Sie jemanden, der einen Fernseher und die Filme *Thirteen Days, Apollo 13* und *Robinson Crusoe* besitzt. Schauen Sie sich die Filme dort an und staunen Sie darüber, was Sie erleben könnten, wenn Sie einen Fernseher hätten.

VORTEIL: *kostenlos*

NACHTEIL: *trostlos*

WOVON REDEN DIE JUNGEN LEUTE?

Junge Menschen hatten immer schon ihre eigene Sprache – auch Sie haben damals Begriffe benutzt, die Ihre Eltern sonderbar fanden: „Steiler Zahn", „Wuchtbrumme", „Macker", „Bluejeans", „Röhren" und „Sticks" (für Zigaretten). Der Unterschied: Damals ging das Ihren Eltern völlig am Arsch vorbei. Für die war klar, dass Sie mit Ihren gerade mal 20-25 Jahren noch halbe Kinder und damit einfach noch viel zu unreif waren, um sich vernünftig auszudrücken. Heute aber dreht sich alles um die Jungen – und jeder will so reden wie sie. Also fragen Sie sich natürlich: „Was erzählen die sich da? Und vor allem: Was erzählen die mir??" Bisher haben Sie immer nur mit dem Kopf genickt, wenn Sie sich mit jungen Leuten unterhalten haben und so getan, als wüssten Sie, wovon die kleinen Rotzlöffel gerade schwafeln. Mit unserem Lexikon aber werden auch Sie endlich den vollen Durchblick haben.

CHILLEN [*ausgesprochen: Tschillen*]

Verwendet zum Beispiel in dem Satz „Ich muss erst mal ein bisschen chillen".

Das bedeutet nicht: „Ich muss das Essen noch etwas nachwürzen." Es bedeutet ebensowenig, dass ihr Nachkomme vorhat, zwitschernde Vogelgeräusche von sich zu geben. Nein, es heißt einfach „sich ausruhen".

Wenn Sie sich daran erinnern, wie ihr Enkel nach einem vierstündigen Arbeitstag am Schreibtisch bereits erste Burn-out-Symptome zeigt oder nach einer halben Stunde leichter Gartenarbeit nach seiner eigenen Einschätzung zufolge ein Fall für die Sportmedizin ist, wird Ihnen klar werden: Dieses Wort hat im Leben der jungen Generation eine absolut zentrale Bedeutung.

STREAMEN *[ausgesprochen: Striemen]*
Man könnte vermuten, dieser Begriff gehöre eher zum Wortschatz eines norddeutschen Anhängers der Prügelstrafe (mit deren Hilfe man – ganz nebenbei – Ihre Enkelkinder möglicherweise von deren Disziplin- und Orientierungslosigkeit nachhaltig hätte heilen können). Aber falsch: „Streamen" ersetzt für Ihre Nachkommen die aus der Mode gekommenen Begriffe „Fernsehen", „Radio" und „Musikanlage". Für die neue Generation gibt es kein festes Programm mehr, sondern nur noch einen stetigen Strom („Stream") von Filmen und Songs. Das hat enorme Vorteile: So kann man, wenn man Lust zum Fernsehen hat, aus 1.000 großartigen Filmen auswählen. Aber Nachteile gibt es natürlich auch. Erstens: Man kann zusätzlich auch aus 10.000 grottenschlechten Filmen auswählen. Und: Es ist eine Höllenqual, sich aus 11.000 Filmen genau den EINEN absolut richtigen rauszusuchen, der jetzt gerade zur eigenen Stimmung passt. Dagegen ist das Finden eines optimal zugeschnittenen Handytarifs eine Entspannungsübung.

POSTEN *[ausgesprochen: Pohsten]*
Sie sagen: „Klar, weiß ich, was das ist: Einer, der Wache schiebt." Aber da liegen Sie falsch. „Posten" kommt – wie fast alle anderen unserer hier behandelten

Begriffe – aus dem Englischen und heißt so viel wie „veröffentlichen“. Während man zu Ihrer Zeit noch gewisse kleinere Vorarbeiten leisten musste, um etwas zu veröffentlichen, zum Beispiel ein Buch schreiben oder einen wissenschaftlichen Artikel, der Ihre Forschungsergebnisse der letzten Jahre zusammenfasste, so sind die Voraussetzungen heute erheblich einfacher. Man muss keine Jahre seines Lebens mehr investieren, sondern nur ein paar Sekunden. Alles, was es braucht, ist ein Foto, das man von sich selbst macht, ein sogenanntes „Selfie“. Das lädt man dann ins Internet hoch und präsentiert es der ganzen Welt. Inzwischen fragen sich Ihre Enkelinnen bei der Auswahl ihrer Reiseziele nicht mehr: Hab ich da Spaß? Sondern nur noch: Ist das ein gutes Selfie-Motiv?

INSTA [*ausgesprochen: Insta*]
Ist die Abkürzung für Instagram – eine Art öffentliches Fotoalbum, auf dem die selbst gemachten Fotos und Bewegtbilder *gepostet* werden, ein wichtiger Teil der Social Media (ausgesprochen Soschel Miidia). Social Media sind das heutige Äquivalent zu dem, was Sie unter dem Oberbegriff „Kaffeekränzchen“ oder „Stammtisch“ kennengelernt haben: Orte, an denen man sich trifft und Belanglosigkeiten von sich gibt – und nachher ist man froh, dass außer den guten Freund/innen niemand mitgekriegt hat, was für einen unsagbaren Stuss man da abgesondert hat.

Wenn Sie sich früher mal unsterblich blamierten, weil Sie besoffen lallend den Kleiderständer angeflirtet oder sich ungeschickterweise Schwarzwälderkirschtorte in die Haare geschmiert haben, waren die Zeugen dieser Ausrutscher danach auf ihr Erinnerungsvermögen angewiesen. Im Zeitalter des Fotohandys hingegen gibt es im Zweifelsfall fotografische und filmische Beweise für derlei Trotteligkeiten. Und Social Media sorgen dafür, dass diese Dokumente der interessierten Weltöffentlichkeit zugänglich gemacht werden.

ICH SCHWÖR! [*ausgesprochen: Ischschwöa*] Endlich mal ein Begriff, der nicht aus dem Englischen kommt – sondern mit türkischem Akzent ausgesprochen wird. Diese Wortkombination fügt man üblicherweise hinten an einen Aussagesatz an. Zum Beispiel: „Bis nächsten Monat zahl ich dir das Geld ganz bestimmt zurück, Oma – ich schwör."

Damit will ihr Nachfahre nicht nur seine Aussage bekräftigen. Vor allem geht es auch darum, klarzumachen, dass er eigentlich ein knallharter Hiphopper mit Migrationshintergrund aus einem urbanen Problembezirk ist. Denn genau deren Sprechweise ahmt er hier nach.

Natürlich gibt es ein paar winzige Unterschiede zum Lebensstil eines kriminellen Gangmitglieds: Dass er vegan lebt, das Klo nur sitzend benutzt, an diversen Allergien und Nahrungsmittelunverträglichkeiten leidet, bei jeder sich bietenden Gelegenheit Gefühle zulässt, seien sie auch noch so unangebracht, und dass er sich extremer Kälte (unter 10 Grad plus) und Hitze (über 23 Grad) nur mithilfe von speziell angefertigter Thermobekleidung aussetzen kann – und dass das, was einer Straftat bisher am nächsten kam, das Schwänzen einer Kunststunde in der neunten Klasse war. Aber das spielt keine Rolle: Ihr Enkelkind ist ein echt abgebrühter Macker – ich schwör!

DIE AUTOREN

Unsere Autoren haben ein ganz besonderes Verhältnis zur Zahl 70. Schon von Beginn an hat diese magische Zahl die drei Teilzeit-Mythologen geprägt, denn sie fanden heraus, dass sie allesamt nicht nur am exakt gleichen Tag 70 Jahre alt werden, sondern auch am exakt gleichen Tag geboren wurden! Die Autoren gingen diesem merkwürdigen Zufall weiter nach und stellten fest, dass die 70 ihr Leben wie keine andere Zahl geprägt hat und dass sie alle drei die exakt gleichen Erfahrungen mit dieser Zahl teilten. So kamen sie schon immer beim Liebesspiel nach exakt 70 Sekunden zum Höhepunkt. Alle drei kauften sich am 07.07.1970 einen exakt 70 Tage alten VW K70. Und alle drei sind bislang kein einziges Mal mit der U-Bahn-Linie 70 in Düsseldorf gefahren.
Als die Autoren diesen mysteriösen Verbindungen auf den Grund gingen, machten sie eine weitere Aufsehen erregende Entdeckung: Jeder der drei passionierten

Flatrate-Trinker hat in seinem bisherigen Leben mindestens 70 Hektoliter Bier zu sich genommen. Endgültige Gewissheit für ihre schicksalhafte Verknüpfung mit der 70 erhielten die drei Profi-Esoteriker durch die Feststellung, dass die Zahl ihr Leben in einem noch viel stärkeren Maße prägte, als sie bislang angenommen hatten: Keiner von ihnen besuchte die 70. Filmfestspiele von Cannes, die 70. Oscar-Verleihung oder eine Aufführung der 70. Sinfonie von Haydn im australischen Ort 1770 (Seventeen Seventy), aber alle drei sind den Fußballvereinen SG Herne 70, SV 70 Tonndorf und SV Fortuna 70 Wirdum in leidenschaftlicher Gleichgültigkeit verbunden.

Die Autoren sind sich deshalb sicher: Ihr Leben ist auf mystische Weise mit der Zahl 70 verknüpft, und jeder, der dies anzweifelt, hat seinen letzten Rest Spiritualität verloren. Oder einen IQ unter 70!

TEXTE

PETER GITZINGER, LINUS HÖKE und ROGER SCHMELZER sind seit vielen Jahren als Autoren für zahlreiche Kabarett- und Comedyshows im deutschen Fernsehen tätig. Neben Drehbüchern verfassen sie Theaterstücke und erarbeiten Bühnenprogramme für etablierte Kabaretthäuser und Comedians. Linus Höke ist zudem der Verfasser des Bestsellers *Shades of hä?*. Alle drei Autoren leben in und um Köln herum.

ILLUSTRATIONEN

ARI PLIKAT, geboren 1958 in Lüdenscheid. Lebt in Dortmund, zeichnet Illustrationen, Cartoons und komische Bilder, die in vielen Zeitungen und Zeitschriften zu sehen sind. Bei LAPPAN ist zuletzt sein Buch *Das ist mein Hip Hop* erschienen.

www.ariplikat.de

7. aktualisierte Auflage 2025

ISBN 978-3-8303-4495-7

Mit Fragen zur Produktsicherheit wenden Sie sich bitte an: carlsen.de/kontakt

Lektorat: Ariane Ossowski

Herstellung | Gestaltung: Monika Swirski

FOLLOW US!
facebook.com/lappanverlag
Instagram.com/lappanverlag
LAPPAN.DE
LAPPANKALENDER.DE

MIX
Papier | Fördert gute Waldnutzung
FSC® C002795

PRODUZIERT MIT VERANTWORTUNG